Adriano Gueli

Ursachen und Entwicklung des Gender Pay Gap

Maßnahmen zur Bekämpfung des geschlechtsspezifischen Lohngefälles

Bibliografische Information der Deutschen Nationalbibliothek:

Die Deutsche Nationalbibliothek verzeichnet diese Publikation in der Deutschen Nationalbibliografie; detaillierte bibliografische Daten sind im Internet über http://dnb.d-nb.de abrufbar.

Impressum:

Copyright © Science Factory 2021

Ein Imprint der GRIN Publishing GmbH, München

Druck und Bindung: Books on Demand GmbH, Norderstedt, Germany

Covergestaltung: GRIN Publishing GmbH

Inhaltsverzeichnis

Abkürzungsverzeichnis .... **V**

Abbildungsverzeichnis .... **VI**

Tabellenverzeichnis .... **VII**

1 Einleitung 1

2 Bestimmungsgründe für die Entgelthöhe 4
    2.1 Bildungsabschluss 4
    2.2 Berufserfahrung 7
    2.3 Regionaler Tätigkeitsbereich 10
    2.4 Branchenbereich 12

3 Erörterungen und Entwicklung des Gender Pay Gaps 14
    3.1 Brutto- und Nettolöhne 14
    3.2 Nominaler Netto- und Reallohn 17
    3.3 Geschlechtsspezifische Entlohnungen 19

4 Erklärungsversuche für den Gender Pay Gap 25

4.1 Humankapitaltheorie 26

4.2 Mutterschaft 28

4.3 Arbeitszeitmodelle und deren Folgen für die
Altersabsicherung 31

4.4 Arbeitsmarktsegregation 35

4.5 Führungskräfte 38

4.6 Gehaltsverhandlungen 40

4.7 Kompetenzeinschätzungen 41

5 Gender Pay Gap Lösungsansätze 43

5.1 Entgelttransparenz 43

5.2 Frauenquote 46

5.3 Instrumente zur besseren Vereinbarkeit vom Familien- und
Berufsleben 48

5.4 Weitere Möglichkeiten zur Schließung der
Einkommensschere 50

6 Fazit und Ausblick 53

Literaturverzeichnis 56

Abkürzungsverzeichnis

Mio.	Millionen
bzw.	beziehungsweise
z. B.	zum Beispiel
Abs.	Absatz
TzBfG	Teilzeit- und Befristungsgesetz
OECD	Organisation für wirtschaftliche Zusammenarbeit und Entwicklung
Covid-19	Corona Virus Disease 2019
GPG	Gender Pay Gap
GPGs	Gender Pay Gaps

Abbildungsverzeichnis

Abbildung 1: Arbeitslosigkeit nach Bildungsabschlüssen im Zeitraum von 1976 bis 2013.. 6

Tabellenverzeichnis

Tabelle 1: Zuwachs der medianen Brutto- und Nettolöhne im Zeitraum von 2005 bis 2019 16

Tabelle 2: Nominal- und Nettoreallohnzuwächse im Zeitraum von 2005 bis 2019 18

Tabelle 3: Entwicklung des bereinigten Gender Pay Gaps im Zeitraum von 2005 bis 2019 22

1 Einleitung

Die Phrase „Gleicher Lohn für gleiche Arbeit!" ordnet man aus dem Bauch heraus vermutlich zunächst den 70er Jahren, mithin den Anfängen der Emanzipation der Frau zu. Dass man mit dieser Forderung jedoch heutzutage für die Gleichberechtigung der Frau kämpfen muss, stößt zunächst auf Unverständnis, vor allem deshalb, weil Frauen in den letzten Jahrzenten immer weiter in den Arbeitsmarkt vorgedrungen sind und den Männern in Bezug auf Bildung in Nichts mehr nachstehen. Es scheint dem ein oder anderen nicht bewusst zu sein, inwieweit eine Ungleichbehandlung auf dem Arbeitsmarkt existiert. Um auf diese Thematik aufmerksam zu machen, findet in Deutschland seit 2008 jährlich der Equal Pay Day statt. Dieser symbolisiert den geschlechterspezifischen Entgeltunterschied zwischen Männern und Frauen.[1] Dass es einen Aktionstag für die Problematik der geschlechterspezifischen ungleichen Bezahlung gibt, verdeutlicht wie wichtig dieses Thema ist und wie relevant es ist, darauf aufmerksam zu machen. Diese durch Geschlechtsmerkmale geprägte Lohndifferenz wird auch als Gender Pay Gap bezeichnet. Dieser stellt das prozentuale Minus des Lohnes einer Frau im Gegensatz zum Entgelt eines Mannes dar, wobei nicht einzelne Frauen im Vergleich zu Männern betrachtet werden, sondern lediglich gesamtgesellschaftliche Individuen.

---

[1] Vgl. equalpayday.de (o.J.), https://www.equalpayday.de/ueber-epd/, Abruf am 22.05.2020.

Einleitung

In der Arbeitsmarktökonomik wird unterstellt, dass es für die gleiche Tätigkeit keinerlei geschlechtsspezifische Lohnunterschiede gibt. Doch wie ist diese Aussage mit den Daten des statistischen Bundesamtes, welches das Lohngefälle zwischen Frauen und Männern in selbiger Tätigkeit erhebt, vereinbar? Es lassen sich also folgende, für die vorliegende Arbeit relevante, Forschungsfragen ableiten: Existiert tatsächlich ein GPG? Falls ein GPG existiert, lässt sich dieser faktisch auf das Geschlecht zurückführen und welche Ursachen sind hierfür verantwortlich? Bevor sich der Frage, ob und inwieweit ein GPG existiert, gewidmet wird, werden in der folgenden Arbeit zunächst die allgemeinen Faktoren in Bezug auf die Bestimmung der Entgelthöhe präsentiert. Hierbei soll insbesondere der Einfluss von Bildung und Berufserfahrung sowie regionale und branchenspezifische Besonderheiten untersucht werden. Anschließend soll die Lohnentwicklung der letzten 14 Jahre aufgezeigt und analysiert werden und anhand dieser Daten die Entwicklung des GPGs erforscht werden. Im nächsten Schritt soll sich umfassend der Suche nach möglichen Ursachen der Lohndifferenz zwischen Frauen und Männern hingegeben werden und vor allem untersucht werden, ob ein Lohngefälle tatsächlich allein auf das Geschlecht zurückzuführen ist, oder ob nicht vielmehr das Zusammenwirken mehrerer Faktoren für den GPG verantwortlich ist. Letztlich sollen die politischen und unternehmenspolitischen Maßnahmen, die zur Bekämpfung der GPG eingeführt wurden, genauer betrachtet und sich der Frage gestellt werden, in welchem Maß diese tatsächlich reale Wirkung entfalten. Basierend hierauf stellt die Arbeit letztlich einen Ausblick möglicher zukünftiger Maßnahmen vor. Die vorliegende Arbeit verfolgt nicht nur das Ziel, umfassend über das Bestehen und die verantwortlichen Ursachen des GPGs zu informieren, vielmehr soll sie dazu anreizen, die

Thematik in dem Umfang ernst zu nehmen, wie er besteht und die Anregung zu schaffen, die durch gesellschaftliche Stereotypen aufgezogenen Mauern einzureißen.

2 Bestimmungsgründe für die Entgelthöhe

Um einen umfassenden Überblick hinsichtlich der Entgeltentwicklung zu erlangen werden nachfolgend die einzelnen Faktoren, welche Einfluss auf die Bestimmung des Entgelts nehmen, dargestellt. So soll zunächst analysiert werden, welche Wirkung der Bildungsgrad, die gesammelte Berufserfahrung sowie die Zugehörigkeit zu bestimmten Branchen und Tätigkeitsfeldern auf die Entgelthöhe hat. Obwohl die Produktivität und Effektivität einer bestimmten Person ebenfalls eine Rolle bei der Entgeltbestimmung spielen, bleiben diese Aspekte in diesem Kapitel unberücksichtigt.

2.1 Bildungsabschluss

„Sicherer Job, guter Verdienst, viele individuelle Entwicklungsmöglichkeiten" – damit wirbt die Website *„Berufliche Bildung – Praktisch unschlagbar"* der Bundesministerien für Bildung, Forschung sowie Wirtschaft und Technologie.[2] Doch welche Vorteile bringt das Aneignen eines hohen Bildungsgrades wirklich mit sich? Diese Frage soll nachfolgend unter Betrachtung und Abwägung der zu verzeichnenden Opportunitätskosten und dem tatsächlichen Unterschied diverser Bildungsgrade hinsichtlich der Entgelthöhe, beantwortet werden.

---

[2] Schmillen/Stüber (2014), http://doku.iab.de/kurzber/2014/kb0114.pdf, Abruf am 29.04.2020, S. 1.

Eine zentrale Bestimmungsgröße für die individuellen Zugangschancen in der Arbeitswelt ist – neben und in Kombination mit anderen Merkmalen - der Bildungserfolg.[3]

Ungleichheiten auf dem Arbeitsmarkt und Differenzen hinsichtlich der Gehaltsspanne werden oft mit Unterschieden in den individuellen Bildungsabschlüssen legitimiert. Der meritokratische Zusammenhang zwischen Bildungsgrad und Beschäftigung ist ein Merkmal aller modernen Gesellschaften. Der Stellenwert der Bildung hat in den letzten Jahrzenten enorm zugenommen und die Zahl der Arbeitnehmer ohne qualifizierten Abschluss nimmt erheblich ab. Tatsächlich lag der Anteil der Personen ohne berufliche Qualifikation 1976 (West-deutschland) noch bei 38 %, im Jahr 2013 (ganz Deutschland) nur noch bei 16 %.[4] Wird unter gleichen Bedingungen, die Arbeitslosenquote nach Bildungsabschlüssen herangezogen, so kann die Tendenz noch deutlicher zum Vorschein gebracht werden.

Seit den 1970er Jahren ist die Arbeitslosenquote von Menschen mit höherer Bildung kaum angestiegen, stattdessen stieg die der gering Qualifizierten nicht unerheblich an (Abb. 1).[5]

---

[3] Vgl. Walter et al. (2006), S. 125.
[4] Vgl. Piopiunik/Kugler/Wößmann (2017), S. 21.
[5] Vgl. Piopiunik/Kugler/Wößmann (2017), S. 22.

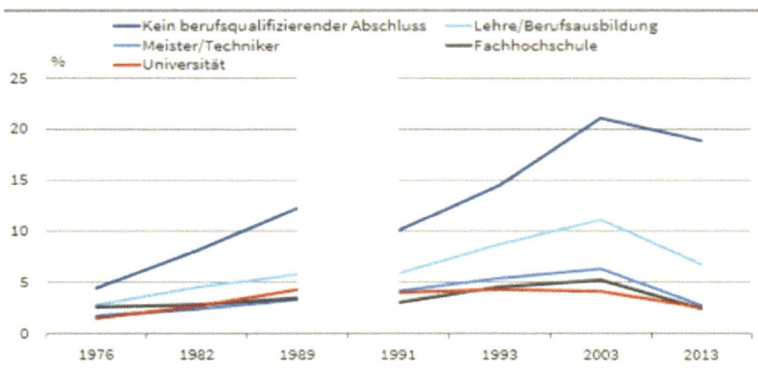

Abbildung 1: Arbeitslosigkeit nach Bildungsabschlüssen im Zeitraum von 1976 bis 2013
Quelle: Piopiunik, Marc/Kugler, Franziska/Wößmann, Ludger (2017): Einkommenserträge von Bildungsabschlüssen im Lebensverlauf. Aktuelle Berechnungen für Deutschland. In: ifo Schnelldienst. 70. Jg., H. 7, S. 22.

Ein höherer Bildungsabschluss verringert nicht nur die Wahrscheinlichkeit einer etwaigen Arbeitslosigkeit, sondern schafft enorme Einkommensvorteile gegenüber gering qualifizierten Mitarbeitern. Dass Bildung finanziell geschätzt wird, zeigt eine Studie des Instituts für Arbeitsmarkt- und Berufsforschung. Hochschulabsolventen verdienen durchschnittlich im Laufe ihres Lebens 1,2 Mio. € mehr, als Menschen ohne Berufsausbildung.[6] Noch ersichtlicher werden die Einkommensunterschiede bei einer Betrachtung der Einstiegsgehälter nach Bildungsabschlüssen. Menschen, die erfolgreich eine Promotion vorlegen konnten, welche zugleich in Deutschland den höchsten

---

[6] Vgl. Schmillen/Stüber (2014), http://doku.iab.de/kurzber/2014/kb0114.pdf, Abruf am 29.04.2020, S. 1.

erreichbaren akademischen Grad darstellt[7], können ein jährliches durchschnittliches Einstiegsgehalt von 54.735 € Brutto aufweisen.[8] Wohingegen gering Qualifizierte, ohne Berufsausbildung im Alter von 20 Jahren lediglich ein Bruttojahresentgelt von durchschnittlich 10.338 € erwerben.[9] Die anfänglichen finanziellen Verluste und Aufwendungen, die mit einem höheren Bildungsabschluss einhergehen, stehen in keinem Verhältnis zu den im gesamten Leben generierten Profitvorteilen. Aufgrund der deutlich höheren Einstiegsgehälter können die Opportunitätsverluste schnell ausgeglichen werden.

Es lässt sich also feststellen, dass Bildung direkten Einfluss auf das Lebenseinkommen der deutschen Bevölkerung nimmt und ein zentraler Akteur in der volkswirtschaftlichen Darstellung der Arbeitslosenquote ist. Durch den Grad der Bildung können für Arbeitnehmer Türen geöffnet werden, die entscheidend für die zukünftige Karriere sind.

2.2 Berufserfahrung

Berufserfahrung ist eines der wichtigsten Kriterien für Arbeitgeber zur Beurteilung von Bewerbern. So geht aus einer Studie hervor, dass 67% der Arbeitgeber bei der Auswahl von Bewerben mit Hochschulabschluss einen hohen Wert auf berufliche Erfahrung legen und

---

[7] Vgl. mba-studium.net (o. J.), https://www.mba-studium.net/promotionm Abruf am 29.04.2020, Abruf am 29.04.2020.
[8] Vgl. gehaltsreporter.de (2020), https://gehaltsreporter.de/absolventengehaelter/, Abruf am 30.04.2020.
[9] Vgl. Piopiunik/Kugler/Wößmann (2017), S. 7.

dieser sogar einen höheren Stellenwert zumessen, als betriebswirtschaftlichem Interesse und Kenntnissen. Es wird erwartet, dass Bewerber bereits mit der Arbeitswelt vertraut sind und mit Stresssituationen umgehen können. Darunter fallen Kandidaten, die bereits die Unternehmensstrukturen, die Hierarchie, die Teamarbeit oder eine 40-Stunden Arbeitswoche aus der Praxis kennen.[10] Definitionsgemäß wird Berufserfahrung als die Erlangung von Wissen und Kenntnissen in Bezug auf eine bestimmte Tätigkeit, die sich eine Person auf dem jeweiligen Gebiet aneignen konnte, indem diese über einen eingegrenzten Zeitraum hinweg aktiv war.[11]

Langjährige Firmenangehörigkeit wird für Unternehmen immer bedeutender, weshalb es kaum verwundert, dass sich die Gehälter mit zunehmendem Alter positiv entwickeln. Deskriptiv erzielten 20-jährige Arbeitnehmer im Jahr 2018 ein durchschnittliches Bruttojahreseinkommen von 30.056 €, wohingegen das durchschnittliche Entgelt von 60-jährigen bei 58.229 € lag. Dies entspricht einem prozentualer Gehaltsanstieg von 94 % während des definierten Erwerbzeitraums.[12]

---

[10] Vgl. absolventa.de (o. J.), https://www.absolventa.de/karriereguide/berufseinsteiger-wissen/berufserfahrung-fundierte-einschlaegige, Abruf am 30.04.2020.

[11] Vgl. juraforum.de (o. J.), https://www.juraforum.de/lexikon/berufserfahrung, Abruf am 30.04.2020.

[12] Vgl. personalmarkt.de (2018), https://cdn.personalmarkt.de/cms/Gehaltsbiografie-2018.pdf, Abruf am 29.04.2020, S. 6.

Vorrangig profitieren von den mit gesammelter Berufserfahrung einhergehenden Vorteilen die Erwerbstätige, die an Tarifverträge gekoppelt sind. Bei der Ermittlung der entsprechenden Entgeltordnung im Rahmen der Tarifverträge wird generell die einschlägige Berufserfahrung herangezogen. Als einschlägige Berufserfahrung wird die berufliche Erfahrung in der übertragenen oder einer auf die Aufgabe bezogenen entsprechende Tätigkeit definiert. Beispielsweise werden im Tarifvertrag für den öffentlichen Dienst Arbeitnehmer ohne Berufserfahrung in die Entgeltordnung 1 eingestuft und steigen nach einem Jahr ununterbrochener Tätigkeit innerhalb derselben Entgeltordnung auf Stufe 2 auf. Die Stufe 3 wird nach zweijähriger Tätigkeit innerhalb der Entgeltordnung 2 erreicht. Die Einstufung in die höchste Entgeltordnung 6 erfolgt nach 15-jähriger ununterbrochener Tätigkeit.[13]

Man kann also zu dem Schluss kommen, dass Unternehmen eher zu Kandidaten tendieren, die bereits Praxiserfahrung aufzeigen können und bereit sind, diese entsprechend zu honorieren. Ein Teil der Erwerbstätigen erhält, unabhängig von der geleisteten Produktivität, bei gleichbleibender Tätigkeit eine Entgeltsteigerung, die lediglich auf die Dauer der Betriebsangehörigkeit zurückzuführen ist. Resümierend ist die Berufserfahrung ein gravierender Aspekt, welcher als weiterer zentraler Akteur einen nicht unerheblichen Anteil bei der Bestimmung der Entgelthöhe ausmacht.

---

[13] Vgl. bund-verlag.de (o. J.), https://www.bund-verlag.de/personalrat/tvoed/basiswissen/stufenzuordnung, Abruf am 29.04.2020.

2.3 Regionaler Tätigkeitsbereich

Darüber hinaus sind auch regionale unterschiedliche Lohnniveaus für die bestimmungshöhe der Entgelte verantwortlich. Neben der allseits bekannten Kluft von Ost und West hinsichtlich der Gehaltsstruktur, lässt sich bei näherer Betrachtung der 16 Bundesländer feststellen, dass auch diese sich untereinander enorm unterscheiden. Folgend sollen einige Bundesländer hinsichtlich des Bruttodurchschnittsverdiensts verglichen und Ursachen für Differenzen ermittelt werden.

Im Osten erhalten Erwerbsempfänger 23,9 % weniger Gehalt als im Westen Deutschlands. In den letzten Jahren hat die Ost-West Gehaltslücke sich dennoch verringert. Dessen ungeachtet veranschaulichen die Zahlen, einen noch immer extremen ungleichen Lohnspiegel.[14] 2017 lag der bundesweite monatliche Bruttodurchschnittsverdient von Vollbeschäftigten bei 2.915 €.[15] Das Bundesland Hamburg konnte sich mit einem durchschnittlichen Bruttoentgelt von 3.619 € als Spitzenreiter etablieren und einen Durchschnittsverdienst erzielen, welcher 20% über dem bundesweiten Median lag.[16] Ein Grund

---

[14] Vgl. gehalt.de (2019), https://www.gehalt.de/news/gehaltsatlas-2019, Abruf am 01.05.2020.

[15] Vgl. destatis.de (2020), https://www.destatis.de/DE/Themen/Wirtschaft/Volkswirtschaftliche-Gesamtrechnungen-Inlandsprodukt/Publikationen/Downloads-Inlandsprodukt/inlandsprodukt-vorlaeufig-pdf-2180140.pdf?__blob=publicationFile, Abruf am 03.05.2020, S. 51.

[16] Vgl. Hallfahrt (2018), https://www.deutschland.de/de/topic/wirtschaft/gehaelter-in-deutschland-durchschnitt-und-regionale-unterschiede, Abruf am 02.05.2020.

hierfür könnte die Erhöhung der Tarifgehälter, aber auch ein steigender Anteil hoch qualifizierter Beschäftigter, die höhere Entgelte beziehen, sein.[17] Das niedrigste Erwerbseinkommen können Angestellte in Mecklenburg-Vorpommern mit 2.391 € aufweisen. Das entspricht fast 22 % weniger als dem bundesweiten monatlichen Durchschnittsverdienst.[18] Verantwortlich dürfte die niedrige Industriedichte und die geringe Tarifbindung der Unternehmen im Osten sein.[19]

Die Ausprägungen der regionalen Einkommensunterschiede werden bei Betrachtung der Städte noch deutlicher zum Vorschein gebracht. In der Automobilmetropole Ingolstadt werden Erwerbstätige monatlich durchschnittlich mit 4.635 € vergütet. Ingolstadt liegt damit annähernd 37 % über dem bundesweiten Durchschnitt und ist die Stadt, in der die Unternehmen, die deutschlandweit ansässig sind, die höchsten Bruttoentgelte an ihre Angestellten ausbezahlt. Arbeitnehmer im sächsischen Landkreis Görlitz verdienen am geringsten, denn im selben Betrachtungszeitraum lag hier das mediane monatliche Bruttoeinkommen lediglich bei 2.183 €. Ergebend aus den Zahlendaten, entspricht das beinahe 34 % unter dem bundesweiten

---

[17] Vgl. welt.de (2019), https://www.welt.de/wirtschaft/article197252073/Bundesagentur-fuer-Arbeit-Hamburger-verdienen-viel-Goerlitzer-wenig.html, Abruf am 02.05.2020.

[18] Vgl. Hallfahrt (2018), https://www.deutschland.de/de/topic/wirtschaft/gehaelter-in-deutschland-durchschnitt-und-regionale-unterschiede, Abruf am 02.05.2020.

[19] Vgl. welt.de (2019), https://www.welt.de/wirtschaft/article197252073/Bundesagentur-fuer-Arbeit-Hamburger-verdienen-viel-Goerlitzer-wenig.html, Abruf am 02.05.2020.

Monatsdurchschnitt.[20] Trotz Beschäftigung im kongruierenden Land, verdienen Erwerbstätige durchschnittlich in Ingolstadt mehr als doppelt so viel wie dergleichen im Landkreis Görlitz.

Hiernach sind einer der Hauptgründe für die enorme Lohndifferenz zwischen Ost und West Deutschland finanzkräftige Unternehmen, diese prägen signifikant das Lohnniveau einer Region oder einer Stadt. Trotz dieser äußerst fragwürdigen Gehaltslücke liegen die Lebenshaltungskosten im Osten Deutschlands ersichtlich geringer als im Westen.[21] Demgemäß können diese zumindest einen Teil der Gehaltsunterschiede aufzerren. Der Ort, an dem der Beschäftigte seine Tätigkeit verrichtet, ist für die Bestimmung des Entgelts bedeutend und führt zu extremen Einkommensunterschieden.

2.4 Branchenbereich

Einen weiteren Faktor hinsichtlich der Entgelthöhe stellt die Angehörigkeit zu einer bestimmten Branche dar. Nachstehend soll die in Deutschland bestzahlende Branche mit der am geringsten zahlenden Branche verglichen werden, um diese eklatanten branchenspezifischen Lohnunterschiede zu verdeutlichen.

Die Finanz- und Versicherungsbranche gilt als bundesweiter Spitzenreiter hinsichtlich der Entgelthöhe. So konnten Angestellte im

---

20 Vgl. Bakir (2018), https://www.stern.de/wirtschaft/geld/gehaltsvergleich--in-diesen-10-staedten-verdient-man-am-besten-8196998.html, Abruf am 02.05.2020.

21 Vgl. zdf.de (2019), https://www.zdf.de/nachrichten/heute/ost-gehaelter-weiter-unter-westniveau-plan-fuer-angleichung-gefordert-100.html, Abruf am 02.05.2020.

Bereich der Finanz- und Versicherungsdienstleistungen im vierten Quartal 2019 ein durchschnittliches Monatsbruttoentgelt von 5.447 € erreichen. Am schlechtesten schnitt das Gastgewerbe ab, in welchem die Arbeitnehmer lediglich 2.480 € durchschnittlich erzielen konnten.[22] Allein dieser prozentuale Unterschied von mehr als 219 %, macht deutlich, was für eine Auswirkung die Branchenwahl der Erwerbstätigen auf die Entgelthöhe hat.

Demnach lässt sich erheben, dass sich diverse Wirtschaftszweige nicht nur in der auszuübenden Tätigkeit unterscheiden, sondern auch erheblich im Gehaltsniveau. Eben diese Eigenschaften, die die Ausübung eines Berufes mit sich bringt, gehen Hand in Hand mit den beruflichen Qualifikationen des Arbeitnehmers. Eine Person, die im Gastgewerbe beschäftigt ist, benötigt einen anderen Bildungsabschluss bzw. ist geringer qualifiziert, als ein Angestellter in einem Bankenunternehmen.

Das Entgelt wird demzufolge von mehreren, teilweise in sich greifenden, Faktoren beeinflusst. Fast alle genannten Einflussgrößen, bis auf die Berufserfahrung, können eigenständig von den Entgeltempfängern influenziert werden. Nach Auffassung der bisherigen Erkenntnisse sollten Erwerbstätige mit übereinstimmenden Voraussetzungen, wie z. B. der gleichen Qualifikation, der gleichen Berufserfahrung, dem gleichen Arbeitsort, der gleichen Branche und derselben Tätigkeit in ihrer Entgeltvergütung nicht differenziert werden.

---

[22] Vgl. statista.com (2020), https://de.statista.com/statistik/daten/studie/1789/umfrage/durchschnittseinkommen-in-deutschland-nach-branchen/, Abruf am 02.05.2020.

3 Erörterungen und Entwicklung des Gender Pay Gaps

Auf der Suche nach Gründen für unterschiedliche Entlohnung fiel immer wieder eine Ursache ins Auge: das Geschlecht. Ausgehend davon ist anzunehmen, dass ein signifikanter Verdienstunterschiede zwischen den Geschlechterrollen besteht. Das Geschlecht eines Menschen haftet ihm an und kann im Gegensatz zur Bildung oder Berufserfahrung, weder angeeignet noch angepasst werden. Bevor sich jedoch einer geschlechtsspezifischen Differenzierung gewidmet wird, sollen zunächst die theoretischen Aspekte der Lohn- und Gehaltsentwicklung grundlegend dargestellt werden, gefolgt von einer analytischen Gegenüberstellung der nominalen Nettolöhne und Reallöhne. Hierauf basierend werden die unterschiedlichen Entlohnungen weiblicher und männlicher Erwerbstätiger im gleichen Zeitraum durchleuchtet. Letztlich wird sich mit der Entgeltlücke sowie deren Entwicklung und Faktoren befassen.

3.1 Brutto- und Nettolöhne

Die folgenden Datenerhebungen basieren auf Erhebungen im Zeitraum von 2005 bis 2019. Innerhalb des Betrachtungszeitraums lässt sich eine immer deutlich werdende Tendenz zu steigenden Löhnen erkennen. Im Jahr 2005 lag der Bruttoverdienst je Arbeitnehmer bundesweit durchschnittlich noch bei 2.228 € im Monat. 2019 lag dieser schon im Median von 3.099 €, dies entspricht einem Anstieg von 28%. Die Nettolöhne lagen im Jahr 2005 monatlich bei 1.524 €, was einen Steuerabzug von knapp 32 % verdeutlicht. 2019 hingegen lagen die Nettolöhne bei 2079 € im bundesweiten monatlichen Median.

Dies entspricht einem Anstieg von knapp 27 %. An den steuerlichen Abgaben hat sich geringfügig etwas mit beinahe 33 % verändert (Tab. 1).[23]

Jahr	Bruttolöhne in € / Monat	Zuwachs zum Vorjahr in %	Nettolöhne in € / Monat	Zuwachs zum Vorjahr in %
2005	2.228	0,5	1.524	0,5
2006	2.247	0,9	1.523	-0,1
2007	2.282	1,6	1.539	1,1
2008	2.338	2,5	1.568	1,9
2009	2.341	0,1	1.572	0,3
2010	2.403	2,6	1.639	4,2
2011	2.487	3,5	1.682	2,7
2012	2.560	2,9	1.728	2,7
2013	2.616	2,2	1.763	2,0
2014	2.693	2,9	1.812	2,8
2015	2.773	3,0	1.862	2,8

---

[23] Vgl. destatis.de (2020), https://www.destatis.de/DE/Themen/Wirtschaft/Volkswirtschaftliche-Gesamtrechnungen-Inlandsprodukt/Publikationen/Downloads-Inlandsprodukt/inlandsprodukt-vorlaeufig-pdf-2180140.pdf?__blob=publicationFile, Abruf am 03.05.2020, S. 51.

Jahr	Brutto-löhne in € / Monat	Zuwachs zum Vorjahr in %	Netto-löhne in € / Monat	Zuwachs zum Vorjahr in %
2016	2.842	2,5	1.906	2,4
2017	2.915	2,6	1.949	2,3
2018	3.007	3,2	2.008	3,0
2019	3.099	3,1	2.079	3,5

Tabelle 1: Zuwachs der medianen Brutto- und Nettolöhne im Zeitraum von 2005 bis 2019
Quelle: In Anlehnung an destatis.de (2020), https://www.destatis.de/DE/Themen/Wirtschaft/Volkswirtschaftliche-Gesamtrechnungen-Inlandsprodukt/Publikationen/Downloads-Inlandsprodukt/inlandsprodukt-vorlaeufig-pdf-2180140.pdf?__blob=publicationFile, Abruf am 30.04.2020, S. 51.

Demzufolge stellt sich die Frage, inwieweit sich die gestiegenen Brutto- und Nettolöhne auf die tatsächliche Kaufkraft des Geldes auswirken. Die reine Betrachtung von Brutto- und Nettolöhnen ist wenig aufschlussreich, da die Veränderungen in keiner Weise die Inflation oder Deflation berücksichtigen.[24]

---

[24] Vgl. bpb.de (o. J.), https://www.bpb.de/nachschlagen/lexika/lexikon-der-wirtschaft/20175/nominallohn, Abruf am 03.05.2020.

3.2 Nominaler Netto- und Reallohn

In der Volkswirtschaft wird zwischen Nominal- und Reallohn unterschieden. Unter Nominallohn kann das gezahlte Entgelt für geleistete Arbeit verstanden werden. Beim Reallohn werden zusätzlich zu den steuerlichen Abzügen des Bruttoentgeltes noch Preisveränderungen berücksichtigt. Da der Nominallohn die gleichen Eigenschaften annehmen kann, wie der Brutto- oder Nettolohn, jedoch bei Betrachtung beider Werte, verschiedene Aussagekräfte entstehen, wird der Nominallohn dem Nettolohn gleichgesetzt. Der Reallohn gibt damit tatsächlich an, über wie viel Kaufkraft die Arbeitnehmer verfügen.[25]

Obwohl die Nominallöhne im Jahr 2006 um lediglich 0,1 % sanken, zeigte der preisbereinigte Reallohn einen Kaufkraftverlust von 1,7 % an. Demnach fand im Jahr 2006 die stärkste Deflation der letzten 14 Jahre statt, wohingegen es im Jahr 2010 eine Inflation mit einem Reallohnzuwachs von 3,1 % gab. Entsprechend war das Jahr 2010 das stärkste Inflationsjahr der letzten 14 Jahre. Insgesamt stieg die Kaufkraft bundesweit in den letzten 14 Jahren um 12,3 % an (Tab. 2).[26]

---

[25] Vgl. bpb.de (o. J.), https://www.bpb.de/nachschlagen/lexika/lexikon-der-wirtschaft/20175/nominallohn, Abruf am 03.05.2020.

[26] Vgl. destatis.de (2020), https://www.destatis.de/DE/Themen/Wirtschaft/Volkswirtschaftliche-Gesamtrechnungen-Inlandsprodukt/Publikationen/Downloads-Inlandsprodukt/inlandsprodukt-lange-reihen-pdf-2180150.pdf?_blob=publicationFile, Abruf am 03.05.2020, S. 37.

Jahr	Nominallohnzuwachs in %	Reallohnzuwachs in %	Abweichung Nominallohn und Reallohn in %
2005	0,5	1,0	0,5
2006	-0,1	-1,7	-1,8
2007	1,1	-1,2	-0,1
2008	1,9	-0,6	1,3
2009	0,3	-0,1	0,2
2010	4,2	3,1	1,1
2011	2,7	0,5	2,2
2012	2,7	0,7	2,0
2013	2,0	0,6	1,4
2014	2,8	1,8	1,0
2015	2,8	2,3	0,5
2016	2,4	1,8	0,6
2017	2,3	0,7	1,5
2018	3,0	1,3	1,7
2019	3,5	2,1	1,4

Tabelle 2: Nominal- und Nettoreallohnzuwächse im Zeitraum von 2005 bis 2019
Quelle: In Anlehnung an destatis.de (2020), https://www.destatis.de/DE/Themen/Wirtschaft/Volkswirtschaftliche-Gesamtrechnungen-Inlandsprodukt/Publikationen/Downloads-Inlandsprodukt/inlandsprodukt-lange-reihen-pdf-2180150.pdf?__blob=publicationFile, Abruf am 30.04.2020, S. 37.

Es lässt sich feststellen, dass, obwohl die Nominallöhne in den letzten 14 Jahren eine Steigerung von 27 % verzeichnen konnten, die Kaufkraft in diesem Zeitraum lediglich um 12,3 % anstieg, was der Relativierung der Nominallöhne durch die Reallöhne zuzuschreiben ist. Auffällig ist vor allem der geringe Anstieg der Reallöhne zwischen 2005 und 2010. Diese Entwicklung ist auf Konjunktureinbrüche zwischen 2007 und 2009 zurückzuführen, ausgelöst durch die Banken- und Finanzkrise.[27] Ferner könnten auch Arbeitsmarktreformen, wie etwa das 2005 eingeführte Arbeitslosengeld, für die geringe Steigerung verantwortlich gemacht werden.[28]

3.3 Geschlechtsspezifische Entlohnungen

Nachdem nun einige Einflussfaktoren hinsichtlich der Entlohnung dargestellt und analysiert wurden, soll sich nun der Frage gewidmet werden, in wieweit das Geschlecht Einfluss auf die Entlohnung nimmt. Grundsätzlich dürfte das Geschlecht keinerlei Einfluss haben, denn in Artikel 3 des Grundgesetzes für die Bundesrepublik Deutschland ist verankert, dass Männer und Frauen gleich zu behandeln sind

---

[27] Vgl. Zinke (2014), https://www.bpb.de/politik/innenpolitik/arbeitsmarktpolitik/187829/lohnentwicklung-in-deutschland-und-europa, Abruf am 03.05.2020.
[28] Vgl. rp-online.de (2014), https://rp-online.de/politik/ausland/hartz-iv-kann-kommen_aid-16886637, Abruf am 03.05.2020.

und niemand wegen seines Geschlechts benachteiligt oder bevorzugt werden darf.[29]

Dennoch gibt es eine solche geschlechtsspezifische Einkommensschere. Betrachtet man die durchschnittlichen Stundenlöhne aus dem Jahr 2018 so betrug dieser bei Männern 21,60 €, bei Frauen jedoch lediglich 17,09 €.[30] Dies entspricht einer Differenz von 4,51 €/Std. Dieses geschlechtsspezifische Lohngefälle wird als GPG bezeichnet. Der GPG beschreibt den Unterschied zwischen dem durchschnittlichen Bruttostundenlohn von Frauen und Männern und wird als prozentualer Anteil des durchschnittlichen Brutto-Stundenlohns von Männern angegeben. Es ist zwischen dem bereinigten und dem unbereinigten GPG zu unterscheiden. Der bereinigte GPG wird auf Grundlage der vierjährlichen Verdienststrukturerhebung berechnet[31] und liefert Auskunft zur Höhe des Bruttoverdienstes von Männern und Frauen mit gleichen Eigenschaften.[32] Laut statistischem Bundesamt liegt der bereinigte GPG bei 6%, dieser Wert beruht

---

[29] Vgl. bundestag.de (o. J.), https://www.bundestag.de/parlament/aufgaben/rechtsgrundlagen/grundgesetz/gg_01-245122, Abruf am 03.05.2020.

[30] Vgl. destatis.de (2019), https://www.destatis.de/DE/Presse/Pressemitteilungen/2019/03/PD19_098_621.html, Abruf am 03.05.2020.

[31] Vgl. sustainabledevelopment-deutschland.github.io (2020), https://sustainabledevelopment-deutschland.github.io/5-1-a/, Abruf am 04.05.2020.

[32] Vgl. destatis.de (o. J.), https://www.destatis.de/DE/Themen/Arbeit/Verdienste/FAQ/gender-pay-gap.html, Abruf am 03.05.2020.

allerdings auf der Verdienststrukturerhebung von 2014, die Ergebnisse der aktuellen Verdienststrukturerhebung werden erst Mitte 2020 bekannt gegeben. Im Jahr 2006 lag der bereinigte GPG bei 8%.[33] Aufgrund der Verbesserung von lediglich 2% in acht Jahren bleibt wenig Hoffnung, dass die kommenden Ergebnisse der Verdienststrukturerhebung eine signifikante Verbesserung zeigen. Für die Berechnung des unbereinigten GPGs, welcher Auskunft über die Differenz zwischen den durchschnittlichen Bruttomonatsverdiensten gibt, werden die Bruttostundenverdienste miteinander verglichen, ohne die ursächlichen Faktoren zu berücksichtigen. Man errechnet ihn anhand folgender Formel:

*((Durchschnittlicher Bruttostundenverdienst Männer – durchschnittlicher Bruttostundenverdienst Frauen) / durchschnittlicher Bruttostundenverdienst der Männer) * 100.*[34]

Laut dem statistischen Bundesamt lag der unbereinigte GPG im Jahr 2019 bei 20 %. Betrachtet man die Entwicklung der letzten vierzehn Jahre, so muss man ernüchternd feststellen, dass sich seit dem Jahr 2005, in welchem der GPG bei 22% lag, lediglich eine minimale, teilweise stagnierende Verbesserung erkennen lässt (Tab 3).

---

[33] Vgl. destatis.de (2017), https://www.destatis.de/DE/Presse/Pressemitteilungen/2017/03/PD17_094_621.html, Abruf am 04.05.2020.

[34] Vgl. destatis.de (o. J.), https://www.destatis.de/DE/Themen/Arbeit/Verdienste/FAQ/gender-pay-gap.html, Abruf am 03.05.2020.

Jahr	Bereinigter Gender Pay Gap in %
2005	22
2006	23
2007	23
2008	23
2009	23
2010	22
2011	22
2012	22
2013	22
2014	22
2015	22
2016	21
2017	21
2018	21
2019	20

Tabelle 3: Entwicklung des bereinigten Gender Pay Gaps im Zeitraum von 2005 bis 2019
Quelle: In Anlehnung an sustainablededevelopment-deutschland.github.io (2020), https://sustainabledevelopment-deutschland.github.io/5-1-a/, Abruf am 01.05.2020.

Der GPG trifft jedoch nicht jeden gleich, vielmehr lassen sich deutliche Unterschiede hinsichtlich der Lohndifferenz in verschiedenen Branchen erkennen. So lässt sich der jüngsten Verdiensterhebung des Statistischen Bundesamtes entnehmen, dass der Verdienstabstand in den Branchen „Kunst/Unterhaltung/Erholung", „Freiberufliche, wissenschaftliche und technischen Dienstleistungen", „Gesundheits- und Sozialwesen" mit mehr als 25% am höchsten ist. Auch im verarbeitenden Gewerbe, dem Handel, Instandhaltung und Reparatur, mithin Branchen in denen Männer traditionell stärker vertreten sind, waren die Verdienstunterschiede mit 24 % relativ hoch.[35] In den Wirtschaftszweigen „Öffentliche Verwaltung/Verteidigung/Sozialversicherung", „Sonstige wirtschaftliche Dienstleistungen" und dem „Baugewerbe" sind die geschlechterspezifischen Verdienstunterschiede mit weniger als 10% am niedrigsten.[36]

Aber nicht nur branchenspezifisch unterscheiden sich die Lohnlücken stark, sondern auch hinsichtlich der unterschiedlichen Regionen. Wie weiter oben bereits ausgeführt, ist Deutschland von großen Lohndisparitäten hinsichtlich der einzelnen Bundesländer geprägt, dies gilt auch für den GPG. Besonders in ostdeutschen Kreisen lässt sich eine geringe Lohnlücke erkennen, denn dort verdienen Frauen lediglich 6,2 % weniger als Männer, während die Differenz in den westdeutschen Kreisen bei 23,4 % liegt. Allerdings muss hierbei natürlich berücksichtigt werden, dass die Löhne in Ost-Deutschland, wie bereits ausgeführt, grundsätzlich niedriger ausfallen. Aber auch innerhalb Westdeutschlands zeigen sich deutliche Unterschiede, so finden sich viele Regionen mit einer vergleichsweise hohen Lohn-

---

[35] Vgl. destatis.de (o. J.), https://www.destatis.de/DE/Themen/Arbeit/Arbeitsmarkt/Qualitaet-Arbeit/Dimension-1/gender-pay-gap.html, Abruf am 05.05.2020.
[36] Vgl. equalpay.wiki (o. J.), http://www.equalpay.wiki/Gender_Pay_Gap_nach_Branchen, Abruf am 05.05.2020.

differenz in den wirtschaftsstarken Bundesländern Bayern und Baden-Württemberg, während die Lohnlücke in weiten Gebieten Niedersachsens und Schleswig-Holsteins relativ niedrig ausfällt.[37]

Wie groß die Differenz des Entgelts einer Arbeitnehmerin zu dem ihres männlichen Kollegen ist, hängt von mehreren Faktoren, u.a. der Branche und Region, ab. Klar ist allerdings, dass der GPG den eindeutigen Beweis für die Diskriminierung von Frauen in der Arbeitswelt liefert. Es verwundert, dass trotz der stetig steigenden Brutto- und Nettolöhne, wie auch der Reallöhne und somit der Kaufkraft der Menschen, dennoch eine erstaunliche Kontinuität in der Arbeitsmarktökonomie hinsichtlich der Gleichberechtigung von Frauen herrscht. Und dass, obwohl Frauen in den letzten Jahren immer weiter in den Arbeitsmarkt vorgedrungen sind. Die Erwerbsquote der Frauen steigt seit Jahren stetig an. Wie im vorherigen Kapitel analysiert wurde, kann die Bildung direkten Einfluss auf die Bestimmungshöhe des Entgelts nehmen. Frauen sind gebildet – mehr als die Hälfte der Abiturenten und 45 % aller Promovierenden waren im Jahr 2017 weiblich.[38] Obwohl dieser Faktor beim bereinigten GPG berücksichtigt wird, stellt sich die Frage, wie es sein kann, dass es in einem sozialisierten Land wie Deutschland zu solchen geschlechtsspezifischen Gehaltsunterschieden kommt?

---

[37] Vgl. Fuchs et al. (2019), http://doku.iab.de/kurzber/2019/kb1019.pdf, Abruf am 05.05.2020, S. 4.
[38] Vgl. Iglhaut (2019), https://www.deutschland.de/de/topic/leben/frauen-in-deutschland-gesellschaft-politik-bildung, Abruf am 04.05.2020.

4 Erklärungsversuche für den Gender Pay Gap

Das vorherige Kapitel zeigte, dass die Einkommensdifferenzen zwischen Frauen und Männern in Deutschland eklatant hoch sind. Die geschlechterspezifische Entgeltungleichheit wird als eine der größten bestehenden Ungleichheiten in der modernen Gesellschaft wahrgenommen, die unzeitgemäß und diskriminierend ist.[39] Die Entgelthöhe wird unter normalen Umständen von verschiedensten Faktoren beeinflusst, die bereits zuvor ausführlich erörtert wurden. Nachfolgend wird sich intensiv mit den einzelnen Bestandteilen, aus denen sich der statistische Unterschied weitestgehend zwischen dem Frauen- und Männererwerbseinkommen zusammensetzt, befasst. Zu Beginn soll sich mit der Humankapitaltheorie und den daraus resultierenden Erkenntnissen befasst werden. Anschließend soll die Mutterschaft als Faktor hinsichtlich des Lohngefälles untersucht werden, gefolgt von dem Einfluss unterschiedlicher Arbeitszeitmodelle, sowie deren Bedingungen, die mit den Auswirkungen eines Rentenbezugs einhergehen. Die noch immer in der Gesellschaft vorhandenen typischen Frauen- und Männerberufe könnten bei der Bestimmung des Lohndefizites der Frauen ebenfalls eine Rolle spielen. Da Führungskräfte mit Abstand die größten Entgeltabnehmer der Wirtschaft sind[40], bestimmen diese den GPG signifikant. Daher ist es

---

[39] Vgl. Geißler (2014), https://www.bpb.de/izpb/198038/ungleichheiten-zwischen-frauen-und-maennern, Abruf am 04.05.2020.

[40] Vgl. Koschik (2019), https://www.karriere.de/mein-geld/interview-gehaelter-fuehrungskraefte-sechs-bis-siebenstellige-hoehenfluege/23043286.html, Abruf am 04.05.2020.

unumgänglich diesen Punkt unter gewissen Aspekten darzulegen. Die letzten beiden Abschnitte dieses Kapitels werden sich mit Verhaltensmustern von Männern und Frauen in Bezug auf die Gehaltsverhandlungen sowie der Kompetenzeinschätzungen beschäftigen.

4.1 Humankapitaltheorie

Die Humankapitaltheorie stellt eine mikroökonomische Arbeitsmarkttheorie dar. Ihr Ursprung kann auf Adam Smith zurückgeführt werden, der bereits Ideen über eine Analogie von Fähigkeiten und Qualifikationen zu Sachkapital entwickelte. Er vertrat die Auffassung, dass in Gesellschaften bestimmte Fähigkeiten von Mitgliedern erworben werden, die für die Arbeitsanbieter von Nutzen sind.[41] Die moderne Version der Humankapitaltheorie wurde in den 60er Jahren mit Arbeiten von Becker, Mincer und Schulz entwickelt.[42] Man nahm an, dass Erwerbsanbieter aufgrund objektiver Bildungsentscheidungen über unterschiedliches Humankapital verfügen. Daher wird als Humankapital die Summe der Fähigkeiten und des Wissens eines Menschen verstanden, welches jedoch hauptsächlich die Aneignung von Bildung und Berufserfahrung aufgreift.[43] Damit wird

---

[41] Vgl. phil-fak.uni-duesseldorf.de (2014), https://www.phil-fak.uni-duesseldorf.de/fileadmin/Redaktion/Institute/Sozialwissenschaften/BF/Lehre/SoSe2008/HK/vortrag_woessmann_Bildungskonomik_und_Humankapital.pdf, Abruf am 05.05.2020, S. 2.
[42] Vgl. Sesselmeier/Blauermel (2013), S. 65.
[43] Vgl. Kapphan (1994), S. 71.

erneut deutlich, dass Bildung eine klare Investitionsentscheidung darstellt.

Einige von unterschiedlichen Forschern aufgestellte Theorien besagen, dass Frauen eine Unterbrechung des Erwerbsverlaufs zugunsten von familiären Verpflichtungen in ihre Investitionsüberlegungen einbeziehen. Eine hierauf basierende Kosten-Nutzen-Analyse ergibt, dass Frauen weniger in den Erwerb von Humankapital investieren als Männer.[44] Die unter den gegebenen Beschäftigungsbedingungen getroffenen Entscheidungen und die Bedingungen für die Erlangung von beruflichen Qualifikationen sind daher unterschiedlich.

Ursprünglich beschränkte sich die Humankapitaltheorie auf die Dauer der Ausbildung. Spätere Vertreter der Theorie beziehen jedoch auch die Ausbildungswahl der Frauen mit ein und kommen u.a. zu der Schlussfolgerung, dass Frauen, die eine Erwerbsunterbrechung planen, dazu tendieren Berufe von geringer Ausbildungsdauer zu wählen, um die Ausbildungsinvestitionen möglichst gering zu halten.[45] Daher üben Frauen regelmäßig Tätigkeiten aus, die weniger spezialisierte Kenntnisse und Fähigkeiten erfordern, aber auch geringere Qualifizierungs- und Lernkomponenten aufweisen. Ursächlich für die geringe Investition in das Humankapital dürfte die veraltete, mithin klischeehafte, Rollenverteilung im Haushalt sein. Diese führt dazu, dass verheiratete Frauen weniger Arbeitszeit im Markt investieren als unverheiratete, und jene mit Kindern im Vorschul-

---

[44] Vgl. Weck-Hannemann (2000), S. 199 ff.
[45] Vgl. Oberholzer Michel (2003), https://www1.unisg.ch/www/edis.nsf/SysLkpByIdentifier/2851/$FILE/dis2851.pdf, Abruf am 05.05.2020, S. 31.

alter, sogar noch deutlich weniger.[46] Durch das niedrigere Humankapital, bleibt jedoch auch das Einkommen vergleichsweise niedrig.

Es lässt sich folgern, dass Forscher versuchen anhand der Humankapitaltheorie schier zu belegen, dass es in der Natur der Frauen sei, geplanter und strukturierter durch das Leben zu gehen als Männer. Entscheidungen, die auf das gesamte Erwerbsleben der Frauen bezogen sind, werden deutlich öfter abgewogen, als das bei Männern der Fall ist. Der geschlechtsspezifische Unterschied wirkt sich mit enormer Wucht auf die Investitionskraft beider Rollen aus. Und dennoch investieren Frauen grundsätzlich weniger in ihre Bildung, da die Planungen über das Familienleben eine weitaus größere Rolle spielt, als finanzielle Aspekte.

4.2 Mutterschaft

Einer der ausschlaggebendsten Gründe für das bestehende Lohngefälle könnte die Mutterschaft sein. Aus rein wirtschaftlicher Sicht ist der Entschluss, Kinder zu bekommen, für Frauen die riskanteste Entscheidung überhaupt. Die mit der Mutterschaft und den damit einhergehenden Auszeiten verbundenen wirtschaftlichen Einbußen werden auch als Mutterschaftsstrafe bezeichnet.[47] Die durch die Familiengründung bedingte Erwerbsunterbrechung signalisiere ein marginales Arbeitsengagement.[48]

---

[46] Vgl. Mincer/Polachek (1974), S. 76 ff.
[47] Vgl. Avellar/Pamela (2003), S. 597.
[48] Vgl. Schmelzer/Kurz/Schulze (2015), S. 737 ff.

Die Mutterschaftsstrafe resultiert aus einem komplexen Verlust von Humankapital während der kinderbedingten Erwerbsunterbrechung. Bildungsinvestitionen werden im Laufe des Lebens gesammelt und dementsprechend entlohnt.[49] Eine längere Auszeit führt dazu, dass das angeeignete Wissen veraltet, da es nicht ständig im Beruf ausgeübt wird. Die Mutterschaft kann das angesammelte Humankapital somit verringern und sogar entwerten. Frauen, die sich ein besonderes Maß an Bildung angeeignet haben, sind hiervon besonders betroffen, was extreme Lohneinbußen gebildeter Frauen zur Folge hat. So zeigt sich eine Lohndifferenz von 24 % zwischen hoch gebildeten, kinderlosen Frauen und Frauen mit Kindern innerhalb der ersten 10 Jahre nach der Geburt. Da bei Frauen mit geringerer Bildung weniger Humankapital vorhanden ist, das während der Mutterschaft devalviert werden kann, liegt der Einkommensverlust deutlich niedriger.[50]

Die negative Signalwirkung, mit der Mütter konfrontiert werden, könnte ein weiterer Faktor für die Lohnnachteile sein. Oftmals herrscht seitens der Vorgesetzten das Klischee vor, dass Mütter sich in der Arbeit zügeln und ein geringeres Arbeitsengagement zeigen. Lange Erwerbsunterbrechungen gelten häufig als Zeichen mangeln-

---

[49] Vgl. Becker (1962), https://www.jstor.org/stable/1829103?readnow=1&seq=1#page_scan_tab_contents, Abruf am 06.05.2020, S. 9 ff.

[50] Vgl. Wilde/Batchelder/Ellwood (2010), https://www.nber.org/papers/w16582.pdf, Abruf am 05.05.2020, S. 18.

der Karriereorientierung und falscher Prioritätensetzung.[51] Frauen haben zudem vermehrt mit dem Vorurteil zu kämpfen, dass ihnen eine geringere Produktivität und Leistungsfähigkeit unterstellt wird. Hinzu kommt, dass das veraltete, aber dennoch heutzutage präsente, Klischee der klassischen Rollenverteilung in der Gesellschaft die Intention vermittelt, dass sich Frauen lieber mit der Kindererziehung beschäftigen sollten, anstatt auf die Karriereleiter zu springen. Die Folgen sind immens – entweder werden Mütter aufgrund der geringeren Produktivitätserwartung schlechter entlohnt oder aber Mütter werden erst gar nicht eingestellt oder nur in sehr schlecht bezahlten Positionen.[52] Frauen tendieren nach einer kinderbedingten Erwerbsunterbrechung häufig dazu, in familienfreundlichere Unternehmen zu wechseln. Zwar sind diese Stellen in der Regel schlechter bezahlt, führen jedoch zu einer besseren Vereinbarkeit von Beruf und Familie.[53]

Dass Frauen zu Stundenreduzierungen nach der Mutterschaftspause tendieren, ist allseits bekannt. Diese sind aber auch mit geringeren Stundenlöhnen verbunden. Teilzeitkräfte werden in der Regel nur mit wenig anspruchsvollen Aufgaben konfrontiert bzw. haben so gut wie keine Möglichkeiten, in der Unternehmenshierarchie aufzusteigen. Die Denunzierung von Teilzeitbeschäftigten ist die Folge, denn

---

[51] Vgl. Schmelzer/Kurz/Schulze (2015), S. 737 ff.
[52] Vgl. Correll/Benard/Paik (2007), S. 1297 ff.
[53] Vgl. Gangl/Ziefle (2009), S. 341 ff.

Teilzeitbeschäftigte werden oft als nicht vollwertige Arbeitskräfte angesehen.[54]

Verschiedene Aspekte, die mit einer Mutterschaft Hand in Hand gehen, führen zu Lohnverlusten. Es scheint als würde die Mutterschaft der Frau einen Stempel verpassen, der von Vorurteilen, Klischees und Diskriminierung geprägt ist. Deshalb verwundert es nicht, dass sich Frauen oftmals vor die Wahl gestellt fühlen: Karriere oder Familie. Beides scheint in der modernen Gesellschaft nicht ohne enorme finanzielle Einbußen vereinbar zu sein.

4.3 Arbeitszeitmodelle und deren Folgen für die Altersabsicherung

Ein weiterer Aspekt, der Einfluss auf die Lohnlücke nehmen könnte, ist das jeweilig gewählte Arbeitszeitmodell. Die bisher gesammelten Ergebnisse verdeutlichen zwar, dass Frauen in den letzten Jahren immer weiter in den Erwerbsmarkt eingedrungen sind, jedoch sagen diese bisher nichts über die tatsächliche Arbeitsmarktintegration auf Beschäftigungsstundenbasis aus, denn als erwerbstätig gilt eine Person schon dann, wenn sie eine Stunde pro Woche aktiv berufstätig war.

Eine Studie belegt, dass im Jahr 2016 Beschäftigte in Deutschland durchschnittlich 35,2 Stunden pro Woche in den Arbeitsmarkt investiert haben. Die Frauenarbeitszeit veränderte sich um 0,5 Stunden

---

[54] Vgl. Klenner/Lott (2016), https://www.boeckler.de/pdf/p_wsi_studies_4_2016.pdf, Abruf am 05.05.2020, S. 69 ff.

zwischen 2010 und 2016 und legte damit von 30,3 Stunden auf 30,8 Stunden zu. Bei Männern hingegen verringerte sich die Wochenarbeitszeit im Betrachtungszeitraum von 39,6 auf 39,4 Stunden pro Woche. Trotzdem arbeiten Männer im Durchschnitt 8,6 Stunden mehr als Frauen. Trotz steigender Erwerbstätigkeit der Frauen scheinen die medianen Arbeitszeiten seit Jahren zu stagnieren. Begründet wird dies durch die geschlechtsspezifisch gewählten unterschiedlichen Arbeitszeitmodelle. Frauen tendieren zu Teilzeitarbeitsstellen.[55] Als Teilzeitbeschäftigter gilt nach § 2 Abs. 1 TzBfG jeder Arbeitnehmer, der einer kürzeren Wochenarbeitszeit nachgeht, im Vergleich zu einem Vollzeitbeschäftigten.[56] Aus finanzieller Sicht ist die Teilzeitarbeit mit absoluten Einbußen verbunden. Forscher belegten, dass sich lange Arbeitszeiten in vielen Berufen auf das Gehalt überproportional auswirken, Tätigkeiten im Vertrieb oder in der Unternehmensorganisation sollen besonders betroffen sein. Im Gegensatz dazu sind im Bereich der Pflege, dem öffentlichen Dienst und weiteren Tätigkeitsfeldern, die an Tarifverträge gebunden sind, die gleichen Stundenlöhne vorgeschrieben.[57]

Nach Aussagen der Europäischen Kommission sol einer der Hauptursachen für die Bereitschaft von Frauen, Teilzeitstellen nachzugehen, die ungleiche Verteilung der Aufgaben innerhalb des Haushaltes

---

[55] Vgl. Kümmerling (2018), http://www.iaq.uni-due.de/iaq-report/2018/report2018-08.pdf, Abruf am 06.05.2020, S. 1.
[56] Vgl. gesetze-im-internet.de (o. J.), https://www.gesetze-im-internet.de/tzbfg/__2.html, Abruf am 06.05.2020.
[57] Vgl. Roßbach (2019), https://www.sueddeutsche.de/wirtschaft/gender-pay-gap-1.4355278, Abruf am 06.05.2020.

sein. Denn in Familien werden die haushaltsüblichen Tätigkeiten weitestgehend von Frauen übernommen.[58] Auch die OECD weist darauf hin, dass eine ungleiche Teilnahme an Kinderbetreuung dazu führt, dass Frauen eher dazu neigen, in Teilzeit zu arbeiten, als Männer.[59] Frauen sollen den Haushalt übernehmen und die Kinder großziehen, wohingegen die Männer sich um die finanziellen Begünstigungen der Familie kümmern sollen.[60]

Auch wenn Frauen aufgrund von familiären Aspekten zu Teilzeittätigkeiten tendieren, bleiben die lebenslangen Folgen nicht unbemerkt. Durch die Faktoren der Erwerbsunterbrechungen und der geringeren wöchentlichen Arbeitszeit, sowie das damit verbundene geringere Stundenlohnentgelt gegenüber Männern, sinken auch die Rentenbezüge entsprechend. Die Alterssicherungsunterschiede zwischen Mann und Frau werden auch als Gender Pension Gap bezeichnet.[61] Die Differenz des Alterssicherungseinkommens ist wesentlich

---

[58] Vgl. ec.europa.eu (o. J.), https://ec.europa.eu/info/policies/justice-and-fundamental-rights/gender-equality/women-labour-market-work-life-balance/womens-situation-labour-market_de, Abruf am 06.05.2020.

[59] Vgl. oecd.org (o. J.), http://www.oecd.org/social/family/18960381.pdf, Abruf am 06.05.2020, S. 68 ff.

[60] Vgl. Branger/Gazareth/Schön-Bühlmann (2003), https://web.archive.org/web/20140202192005/http://www.bfs.admin.ch/bfs/portal/de/index/news/publikationen.Document.26011.pdf#page=5, Abruf am 06.05.2020, S. 8.

[61] Vgl. Flory (2011), https://www.bmfsfj.de/blob/93950/422daf61f3dd6d0b08b06

höher als der GPG, da zusätzlich zum Lohngefälle auch die Erwerbsbeteiligung über das gesamte Arbeitsleben aufsummiert wird.

Eine Studie aus dem Jahre 2019 der Universität Mannheim belegt, dass in Deutschland Frauen im Durchschnitt mit einer 26 % geringeren Alterssicherung auskommen müssen, als Männer. Die Rentenschere ist jedoch keinesfalls von Anfang an vorhanden. Erst ab dem Alter von 35 Jahren beginnt sich langsam der Unterschied bei den zu erwartenden Rentenunterschieden zu zeigen. In der Altersgruppe der 36- bis 45- Jährigen Frauen liegt die Rentenlücke bei 15 %, ab dem Alter von 46 steigt diese Lücke auf 27 % an. Begründet wird dieser extreme altersspezifische Unterschied damit, dass Paare ab den Dreißigern beginnen eine Familie zu gründen und dementsprechend nach der Mutterschaftspause ihr Arbeitszeitmodell von Vollzeitbeschäftigung auf Teilzeitbeschäftigung ändern.[62] Deutschland scheint jedoch in dieser Hinsicht durchaus Fortschritte zu machen. Im Jahr 2011 lag der Gender Pension Gap noch bei 59,6 %. Beispielsweise war 2011 der Gender Pension Gap im Osten Deutschlands mit 36,7 % deutlich geringer, als im Westen mit 63,8 %. Bei verheirateten oder verwitweten Frauen lag der GPG bei durchschnittlich 64,8 %, viel höher als bei Geschiedenen und Ledigen mit 13,4 %. Auch das investierte Humankapital spielt eine entscheidende Rolle beim Gender Pension Gap. Bei Frauen mit dem höchsten Bildungsabschluss lag der

---

dd44d2a7fb7/gender-pension-gap-data.pdf, Abruf am 06.05.2020, S. 7.

[62] Vgl. Niessen,Ruenzi/Schneider (2019), https://www.bwl.uni-mannheim.de/media/Lehrstuehle/bwl/Niessen-Ruenzi/Gender_Pension_Gap_in_Germany_update_-_NiessenRuenziSchneider.pdf, Abruf am 06.05.2020, S. 1 ff.

Gender Pension Gap bei lediglich 35,6 %. Während sich bei Frauen ohne berufliche Qualifikation die Messgröße von 58,1 % ergab.[63]

Die Neigung von Frauen, Teilzeitaktivitäten in ihrer Erwerbslaufbahn nachzugehen, ist mit extremen finanziellen Einbußen verbunden. Obwohl die Erwerbstätigkeit von Frauen in den letzten Jahren angestiegen ist, sind die geleisteten Produktivstunden fast stagniert. Dieser, auf Rollenverteilungen in familiären Verhältnissen zurückzuführende Aspekt ist auf eine zeitungemäße Kultur zurückzuführen. Eine solche Karrierelaufbahn zu bestreiten, wirkt sich in jedem Falle auf die Bestimmung der Rentenansprüche aus. Das Frauen im höheren Alter nur geringere Rentenansprüche als Männer haben, vergrößert die Chance in Altersarmut zu geraten enorm.

4.4 Arbeitsmarktsegregation

In der Literatur wird als mögliche Ursache für das Lohngefälle auch die Arbeitsmarktsegregation genannt. Als Arbeitsmarktsegregation wird die Ausübung bestimmter Tätigkeiten, die bestimmte Merkmale besitzen, auf dem Arbeitsmarkt verstanden.[64] Im Grunde sind damit die typischen Frauen- oder Männerberufe gemeint. Als typische Frauenberufe gelten Tätigkeiten im Erziehungs- und Gesundheitswesen mit einer Frauenerwerbsquote von 80 %. Die Bau- und

---

[63] Vgl. Flory (2011), https://www.bmfsfj.de/blob/93950/422daf61f3dd6d0b08b06dd44d2a7fb7/gender-pension-gap-data.pdf, Abruf am 06.05.2020, S. 16 f.

[64] Vgl. decademic.com (o. J.), https://deacademic.com/dic.nsf/dewiki/2252831, Abruf am 06.05.2020.

Metallindustrie wird grundsätzlich als Männerdomäne anerkannt. Diese geschlechtsspezifischen Stereotypen haben sich in den letzten Jahren kaum verändert. Der Grundstein hierfür wird bereits bei der Wahl des Ausbildungsberufes gelegt. Beispielsweise waren im Jahr 2016 die Ausbildungsberufe Kfz-Mechatroniker, Elektriker und Industriemechaniker überwiegend nur durch Männer besetzt – die weibliche Erwerbsquote lag bei unter 5 %. In Hinblick auf die Studienfächer ist das Geschlechterverhältnis vor allem in den Studiengängen Rechts-, Wirtschafts- und Sozialwissenschaften ausgewogen, wohingegen in den Geisteswissenschaften und im medizinischen Bereich 2/3 der Akademiker Frauen sind. Im Bereich der Ingenieurswissenschaften können weibliche Hochschulabsolventen lediglich einen Anteil von unter 25 % aufweisen. Es zeigt sich, dass Stereotypen die Berufswahl der angehenden Erwerbstätigen entscheidend beeinflusst.[65]

Die Arbeitsmarktsegregation kommt als einer der Ursachen für das vorliegende geschlechtsspezifische Lohngefälle in Betracht, da typische Frauenberufe in der Regel schlechter bezahlt werden. Grund hierfür ist, dass diese Berufe oftmals nicht auf eine große Karriere ausgerichtet sind, sondern bereits eine finanzielle Planung dahingehend beinhalten, dass der Erwerbszyklus der Frau durch die Geburt eines Kindes unterbrochen wird.[66] Die niedrigen Entgelte und die schlechten Aufstiegschancen in stereotypischen Berufen können

---

[65] Vgl. iwd.de (2018), https://www.iwd.de/artikel/berufswahl-typisch-mann-typisch-frau-380726/, Abruf am 06.05.2020.

[66] Vgl. decademic.com (o. J.), https://deacademic.com/dic.nsf/dewiki/2252831, Abruf am 06.05.2020.

einen großen Anteil des GPGs erklären.[67] Eine empirische Studie hat die unterschiedlichen Löhne in typischen Frauen- und Männerberufen untersucht. Sie kam u. a. zu dem Ergebnis, dass typische Frauenberufe zwar als genauso anspruchsvoll angesehen werden, jedoch trotzdem geringer vergütet werden.[68] Geschlechterklischees könnten jedoch bei Einbezug aller Beteiligten individuell beseitigt werden. Beispielsweise die fehlende Anzahl an qualifizierten Mitarbeitern in den Bereichen der Mathematik, Informatik, Naturwissenschaften und Technik schreit nach einer höheren Frauenerwerbsquote.[69]

Die Arbeitsmarktsegregation beruht auf kulturell bedingten Folgen, die uns als Individuen in einer modernen Arbeitswelt noch immer verfolgen. Insbesondere jungen Mädchen wird häufig vermittelt, später in einem frauentypischen Berufsfeld zu arbeiten, weil „Frauen das nun mal so machen". Männer hingegen sollen lieber Tätigkeiten nachgehen, bei denen sie ihre Kraft, Stärke und Macht demonstrieren können. Denn sie sind ja schließlich Männer. Das typische Frauenberufe jedoch entscheidend geringer bezahlt werden, scheint unwichtig zu sein, da der Beruf dennoch in die typische Rolle der „unmodernen" Frau passt.

---

[67] Vgl. iwd.de (2018), https://www.iwd.de/artikel/berufswahl-typisch-mann-typisch-frau-380726/, Abruf am 06.05.2020.
[68] Vgl. Wilke (2018), https://www.zeit.de/arbeit/2018-06/gehaltsunterschiede-frauenberufe-loehne-gender-pay-gap/seite-2, Abruf am 06.05.2020.
[69] Vgl. iwd.de (2018), https://www.iwd.de/artikel/berufswahl-typisch-mann-typisch-frau-380726/, Abruf am 06.05.2020.

4.5 Führungskräfte

Auch deutlich überdurchschnittliche Entgelte prägen das Lohngefälle zwischen Frauen und Männern signifikant. In der Regel werden Manager, Geschäftsführer und Aufsichtsräte weit über den bundesweiten Median entlohnt. Daher ist zur Ursachenforschung der GPG eine nähere Betrachtung der Geschlechterverteilung in Führungspositionen unentbehrlich.

Durchschnittlich lag die Frauenerwerbsquote in Führungspositionen im Betrachtungszeitraum von 2010 – 2016 lediglich bei 28 %.[70] Der durchschnittliche Bruttostundenverdienst wich mit 20,60 € erheblich von jenem der Männer mit 29,30 € ab. Auf Führungsebene lag damit der unbereinigte GPG bei fast 30 %. Als mögliche Ursache wird häufig erneut das höhere Humankapital der Männer gegenüber Frauen herangezogen, denn männliche Führungskräfte weisen häufig einen höheren Bildungsabschluss vor. Auch die längere Firmenangehörigkeit von durchschnittlich vier Jahren und eine umfassendere Vollzeittätigkeit von sechs Jahren führen zu diversen Entgeltunterschieden. Unter Erwägung der Teilzeitberufserfahrung lagen Frauen wieder mit drei Jahren deutlich über jenen der Männer, die lediglich ein Jahr betrug. Problematisch ist dies, weil von Arbeitnehmern in Führungspositionen regelmäßig die Bereitschaft zur selbstständigen Erbringung von längeren Arbeitszeiten erwartet wird. 49 Stunden pro Woche übten männliche Führungskräfte durchschnitt-

---

[70] Vgl. Holst/Marquardt (2018), https://www.diw.de/documents/publikationen/73/diw_01.c.595014.de/18-30-3.pdf, Abruf am 07.05.2020, S. 670.

lich ihre Tätigkeiten aus, weibliche lediglich 46 Stunden. Die langen Arbeitszeiten die von Führungspersonal erwartet wird, könnten ein Grund sein, warum Frauen seltener derartigen Erwerbstätigkeiten nachgehen. Lange Arbeitszeiten schränken das Privatleben bedeutend ein, sodass eine ausgeglichene Work-Life-Balance kaum zu bewerkstelligen ist. Dementsprechend verwundert es nicht, dass die meisten Frauen in Führungspositionen ledig sind.[71] Weibliche Führungskräfte erhalten durchschnittlich mit jedem zusätzlichen Jahr an Vollzeitberufserfahrung einen Entgeltzuschuss von 4 %, Männer lediglich 3 %. Für Arbeitgeber scheint es also nicht von Wichtigkeit zu sein, ob die Frau Kinder besitzt, sondern vielmehr kommt es auf die dauerhafte Ausübung einer Vollzeittätigkeit an.[72]

Die Spitze der Einkommenspyramide wird von Führungskräften gebildet und bestimmt den GPG entscheidend mit. Ein Teil des GPGs kann sicherlich auf die mangelnde Präsenz von weiblichen Führungskräften in Deutschland zurückgeführt werden.

---

[71] Vgl. Holst/Marquardt (2018), https://www.diw.de/documents/publikationen/73/diw_01.c.595014.de/18-30-3.pdf, Abruf am 07.05.2020, S. 672.

[72] Vgl. Holst/Marquardt (2018), https://www.diw.de/documents/publikationen/73/diw_01.c.595014.de/18-30-3.pdf, Abruf am 07.05.2020, S. 674.

4.6 Gehaltsverhandlungen

Eine geschlechtsspezifische unterschiedliche Entlohnung bei einer unter selben Qualifikationen durchgeführten Tätigkeit wird am Arbeitsmarkt grundsätzlich abgelehnt. Einige empirische Studien belegen jedoch, dass bei kollektiver Nachfrage nach einem gerechten Arbeitseinkommen, Frauen dennoch ein deutlich geringeres Entgelt zugeordnet wird, als einem mit gleichen Qualifikationen ausgestatteten Mann. Das ausschlaggebende Argument war jedoch, dass Frauen sich selbst diese geringeren Erwerbseinkommen zuordneten.[73] Die Ergebnisse dieser Studie belegen, dass Frauen häufig geringere Ansprüche an ihr Erwerbseinkommen stellen als Männer. So gaben Frauen bei der Frage nach der individuellen Gehaltsvorstellung rund 25% weniger Lohn an, als Männer. Tatsächlich lag dann die angegebene Lohnsumme, unter der Summe, die Männer realitätsbezogen erzielten.[74] Konkurrierend hierzu wurden differenzierte Behandlungen durch Arbeitgeber bei Gehaltsverhandlungen zwischen Frauen und Männern beobachtet. Männliche Vertreter der Personalabteilung bewerteten Frauen in Gehaltsverhandlungen oftmals schlechter, als gleichgeschlechtliche Kollegen. Besorgniserregend ist dies vor allem

---

[73] Vgl. uni-bielefeld.de (2010), http://ekvv.uni-bielefeld.de/blog/uniaktuell/entry/mit_zweierlei_ma%C3%9F_gemessen_geringere, Abruf am 07.05.2020.

[74] Vgl. Liebig/Valet/Schupp (2010), https://www.diw.de/documents/publikationen/73/diw_01.c.358264.de/10-27-3.pdf, Abruf am 07.05.2020, S. 14 f.

deshalb, weil weibliche Vertreter der Personalabteilung eine derartige geschlechterspezifische Unterscheidung nicht vornahmen.[75]

Geringere Ansprüche bei den Lohnverhandlungen und vorurteilende männliche Personalabteilungsvertreter machen einen Teil der Kluft zwischen männlichen und weiblichen Lohnhöhen aus. Es wird der Anschein erweckt, dass Frauen fast akzeptiert hätten, in der Arbeitswelt geringere Einkommen zu generieren als männliche Kollegen. Die Voreingenommenheit, dass Männer die großen Verdiener sein müssen und Frauen sich mit geringen Einkommen zufriedengeben sollen, bildet ein altväterisches, überholtes und fast mittelalterliches Bild der Gesellschaft.

4.7 Kompetenzeinschätzungen

Als einer der letzten wichtigen Faktoren, die in enger Verbindung mit dem Lohngefälle zwischen den Geschlechtern steht, ist die Kompetenzeinschätzung. In einer unabhängigen, randomisierten Studie wurden Bewerbungsunterlagen von Studenten aus wissenschaftlichen Fakultäten bewertet. Den Studenten, die sich auf eine Position als Laborleiter bewerben sollten, wurde zufällig ein männlicher oder weiblicher Vorname zugewiesen. Den Ergebnissen zufolge wurden den männlichen Bewerbern, trotz identischer Voraussetzungen, eine wesentlich kompetentere Aufgabenerfüllung zugeordnet und darüber hinaus auch ein höheres Einstiegsgehalt geboten.[76]

---

[75] Vgl. Bowler/Babcock/Lai (2005), S. 85 ff.
[76] Vgl. Moss-Racusin et al. (2012) S. 16474 ff.

Das zeugt von einer immensen Vorurteilskraft der Geschlechter. Die Ursachen für die Ungleichbehandlung scheinen noch immer in den tief verwurzelten Animositäten gegenüber Frauen und der Abwertung von Frauenarbeit zu liegen.

Im Laufe der Recherche hinsichtlich der Ursachen für die geschlechterspezifischen Einkommensunterschiede wurde deutlich, dass die Teilzeitbeschäftigung der Frau als Hauptargument eingesetzt wird und auch durchaus eine große Rolle in Bezug auf das Lohngefälle spielt. Bei genauerer Betrachtung zeigt sich jedoch, dass auch im Falle gleicher Qualifikation und gleichem Stundenaufwand eine Lücke hinsichtlich der Gehälter klafft. Denn, die Faktoren der Bildung, Berufserfahrung und der wöchentlichen Arbeitszeit werden bei dem bereinigten GPG berücksichtigt. Und dennoch lag dieser im Jahr 2014 bei 6 %.

5 Gender Pay Gap Lösungsansätze

Das vorherige Kapitel befasste sich intensiv mit den Ursachen der Einkommensschere zwischen Männern und Frauen. Im Folgenden wird auf mögliche Maßnahmen zur Bewältigung des GPGs eingegangen. Beginnend werden bereits erlassene politische und unternehmenspolitische Handlungen erörtert und deren bisherige Wirkung aufgezeigt. Letztlich soll sich mit möglichen zukünftigen Maßnahmen befasst werden.

5.1 Entgelttransparenz

Am 06. Juli 2017 ist das von der deutschen Bundesregierung erlassene Gesetz zur Förderung der Transparenz von Entgeltstrukturen in Kraft getreten. Ziel des Gesetzes ist die Verhinderung von Entgeltunterschieden zwischen Männern und Frauen in Tätigkeiten, die den gleichen Umfang beinhalten. Das Gesetz ermächtigt Erwerbstätige dazu, Auskunft über die Entgelthöhe von Kollegen in vergleichbarer Position zu erlangen. Durch das erlassene Gesetz wird bei gleicher oder gleichwertiger Tätigkeit die Benachteiligung eines Geschlechts im Hinblick auf sämtliche Entgeltbestandteile untersagt. Beschäftigten steht es ab einer Unternehmensgroße von mehr als 200 Angestellten zu, die Höhe der Gehälter ihrer Kollegen zu erfahren. Ist das Unternehmen an einen Tarif gebunden, so ist die Auskunft beim Betriebsrat einzuholen. Der Auskunftsanspruch besteht jedoch nur dann, wenn das Unternehmen mindestens sechs Personen mit vergleichbaren Tätigkeiten vorweisen kann. Ferner können auch nur die Mediane der kumulierten Entgelthöhen von Vergleichsgruppen nachgefragt werden, keine einzelnen Gehälter. Sollten tatsächlich auf das Geschlecht zurückzuführende Entgeltunterschiede vorliegen, so kann das zu wenig entrichtete Entgelt nachgefordert werden. Zudem beinhaltet das Gesetzt die Regelung, dass von Arbeitgebern, welche mehr als 500 Mitarbeiter beschäftigen, ein Lagebericht zu erstellen ist. Danach sind Arbeitgeber verpflichtet einen Bericht zur Entgeltgleichheit vorzulegen, in dem Maßnahmen zur Bekämpfung des Lohngefälles zwischen Mann und Frau offenkundig dargelegt werden.[77]

Das Entgelttransparenzgesetz stand seit seiner Einführung dauerhaft in Kritik. Die Bundesregierung musste sich in einer ersten Schlussfolgerung mit den geringen Auswirkungen des Gesetzes konfrontiert sehen. Seither haben kaum Arbeitnehmer das neue Transparenzgesetz ausgeschöpft. In einer Umfrage des ifo Instituts wurden im Januar 2018 Personalleiter zu den Erwartungen des neuen Gesetzten befragt. Die Befragten wurden anschließend ein Jahr später nach den Erkenntnissen konsultiert. Nur 125 Personalleiter waren im Januar 2018 der Auffassung, dass das neue Gesetz tatsächlich Wirkung im vorliegenden Lohngefälle aufweisen kann. Negative Effekte, wie Unruhen zwischen den Erwerbstätigen und bürokratischer Aufwand wurden befürchtet. Die Realität sah jedoch anders aus. Gemäß den Ergebnissen der zweiten Erhebung, machten Erwerbsättige in nur 10 % aller befragten Unternehmen Gebrauch von ihrem neuen Recht. Schlussendlich kam es nur bei 1,3 % der befragten Arbeitgeber zu einer entsprechenden Gehaltsanpassung. Eine signifikante Abschaffung des Lohngefälles sieht anders aus. Dennoch ist ein positiver

---

[77] Vgl. bundesregierung.de (2018), https://www.bundesregierung.de/breg-de/aktuelles/wie-viel-verdienen-die-kollegen--465222, Abruf am 07.05.2020.

Effekt hervorzuheben. Obwohl nur wenige Erwerbstätige von ihren neuen Rechten Gebrauch machen, wird von Unternehmen bei Neueinstellungen auf ausgewogenere Löhne geachtet. Die Bedenken der Personalleiter hinsichtlich negativer Effekte wurden ebenfalls abgewendet. Unruhen zwischen den Erwerbstätigen konnten nur 4 % aller Personaldienstleiter feststellen, auch der bürokratische Aufwand konnte sich laut 90 % aller Befragten in Grenzen halten. Als Ursache hierfür wird die mangelnde Kenntnis der Erwerbstätigen über die neuen Rechte genannt. Auch die von der Bundesregierung auferlegten Hürden im Entgelttransparenzgesetz stellen eine Herausforderung dar. Dass fünf weitere Erwerbstätige in einer vergleichbaren Beschäftigung tätig sein müssen und die Notwendigkeit der Definition von „vergleichbarer Tätigkeit" verkomplizieren die Tatsache einer Auskunftseinholung. Es liegt auf der Hand, dass der Gesetzgeber eine zweideutige Barrikade errichtet hat, die Erwerbsempfänger abschreckt tatsächlich aktiv an einem Auskunftsgebrauch teilzuhaben.[78]

Obwohl die Regierung durch politische Maßnahmen versucht das Lohngefälle zu beseitigen, scheint diese Methode bisher kaum Wirkung gezeigt zu haben. Die an die gesetzliche Regelung geknüpften Hürden scheinen eine abschreckende Wirkung zu entfalten und ziehen demnach kaum Erfolgsaussichten mit sich. Nichtsdestotrotz scheint es ein erster Schritt in die richtige Richtung zu sein.

---

[78] Vgl. Peichl/Schricker (2019), https://www.ifo.de/DocDL/sd-2019-04-peichl-schricker-etal-entgelttransparenzgesetz-2019-02-21.pdf, Abruf am 08..05.2020, S. 3 f.

5.2 Frauenquote

Dadurch, dass die Top-Verdiener in Deutschland überwiegend Männer sind und dies signifikant den GPG prägt, wurde auf Zuruf vom Bundesministerium für Familie, Senioren, Frauen und Jugend ein Gesetz für die gleichberechtigte Teilhabe von Frauen und Männern in der Privatwirtschaft und im öffentlichen Dienst gefordert. Tatsächlich wurde dann im Jahr 2016 ein Gesetz erlassen, das eine Mindesterwerbsquote von Frauen in Aufsichtsräten in Höhe von 30 % vorsieht.[79] Demnach müssen frei gewordene Arbeitsplätze so lange mit Frauen besetzt werden, bis der geschlechtsspezifische Prozentsatz erreicht wurde.

Die Regelung hat bereits erste positive Wirkungen gezeigt. So ist Frauenerwerbsquote in Aufsichtsräten, die im Jahr 2015 bei lediglich 19,7% lag, im Jahr 2019 auf 28,2% geklettert.[80] Andererseits betrifft die politische Maßnahme lediglich knapp 100 Unternehmen und umfasst die Vorstände nicht. Den Unternehmensvorständen konnten im Jahr 2019 lediglich 14,7 % Frauen zugeordnet werden.[81] Fast die

---

[79] Vgl. bmfsfj.de (2017), https://www.bmfsfj.de/bmfsfj/service/gesetze/gesetz-fuer-die-gleichberechtigte-teilhabe-von-frauen-und-maennern-an-fuehrungspositionen-in-der-privatwirtschaft-und-im-oeffentlichen-dienst/119350, Abruf am 08.05.2020.

[80] Vgl. Holst (2017), https://www.diw.de/documents/publikationen/73/diw_01.c.550247.de/17-1-3.pdf, Abruf am 08.05.2020, S. 31.

[81] Vgl. Belousova (2020), https://www.zdf.de/nachrichten/wirtschaft/frauenquote-unternehmen-fuenf-jahre-100.html, Abruf am 08.05.2020.

Hälfte aller betroffenen Unternehmen haben sich eine 0 % Zielgröße gesetzt und stellen maximal die Auferlegten 30 % ein.[82] Kritiker des Frauenquotensystems glauben, dass die Beschäftigungsquote von Frauen die tatsächliche Situation fördert, die ursprünglich vermieden werden sollte. Demnach stellt die Quote eine Diskriminierung von Frauen dar, da vermittelt wird, dass Frauen nur aufgrund ihres Geschlechtes nicht fähig sind, sich selbst in höhere Positionen zu avancieren. Die Annahme, dass überhaupt zwischen verpflichtender Einstellung von Geschlechtern unterschieden werden muss, sei ein Verstoß gegen das im Grundgesetz verankerte Diskriminierungsverbot.[83]

Trotz der sich auszeichnenden Erfolge der Frauenerwerbsquote stellt sich die Frage, inwiefern diese politische Maßnahme tatsächlich messbare Auswirkungen auf die ungleiche Entgeltverteilung haben soll. Lediglich ein kleiner Teil der in Deutschland agierenden Wirtschaftsunternehmen sind hiervon betroffen. Die Quote selbst steht in umfassender Kritik, da diese eine weitere Form der Frauenerniedrigung darstellt. Eine gemeinschaftliche und politisch starke Maßnahme zur kurzfristigen Diskriminierungsbeseitigung muss andere, umfänglichere Faktoren beeinflussen.

---

[82] Vgl. Bernhardt (2017), https://www.bpb.de/apuz/252657/geschlechterungerechtigkeit-zur-vereinbarkeit-von-familie-und-beruf?p=2, Abruf am 08.05.2020.

[83] Vgl. Schmitz (2013), https://www.theeuropean.de/heinrich-schmitz/7392-rezension-von-dann-mach-doch-die-bluse-zu, Abruf am 08.05.2020.

5.3 Instrumente zur besseren Vereinbarkeit vom Familien- und Berufsleben

Als eine der erfolgreichsten Maßnahmen zur Bekämpfung des vorliegenden Lohngefälles erwies sich das im Jahr 2007 reformierte Erziehungsgeld zum Elterngeld. Das Elterngeld soll Frauen nach der Geburt eines Kindes den Wiedereinstieg in die Erwerbstätigkeit erleichtern. Dadurch werden große Teile der finanziellen Einbußen während des ersten Lebensjahres des Kindes gedeckt.[84] Für eine noch stärker ausgeprägte Gleichstellung wurden neue Anreize für Väter geschaffen, um sich an den familiären Aufgaben zu beteiligen. In diesem Sinne wurden zeitgleich zum Elterngeld die Partnermonate eingeführt. Durch die Partnermonate wird die Bezugsdauer des Elterngeldes für Familienpaare von 12 auf 14 Monate erhöht. Dieser Vorzug wird jedoch nur dann gewährt, wenn sowohl die Mutter als auch der Vater für mindestens 2 Monate in Elternzeit gehen. Die messbare Konsequenz wird durch die Zahlenerhebung sichtbar. Im Jahr 2008 lag die Väterbeteiligung beim Elterngeld lediglich bei 20,8 %, im Jahr 2014 bereits bei 34,2 %[85] und im Jahr 2015 bei 35,7 %.[86]

---

[84] Vgl. Kluve et al. (2008), https://www.bmfsfj.de/blob/76290/e9ffeb27ad867f4874b16e41343a757a/beeg-evaluation-endbericht-data.pdf, Abruf am 09.05.2020, S. 6.

[85] Vgl. Geis-Thöne (2018), https://www.econstor.eu/bitstream/10419/183102/1/1031912525.pdf, Abruf am 09.05.2020, S. 3.

[86] Vgl. familienhandbuch.de (o. J.), https://www.familienhandbuch.de/aktuelles/neue/34629/index.php, Abruf am 09.05.2020.

Auch das im Jahre 2005 eingeführte Tagesbetreuungsausbaugesetz trägt zu einer besseren Vereinbarkeit von Familien- und Berufsleben bei. Das Gesetz sieht vor, allen Kindern unter drei Jahren einen Platz in einer Betreuungseinrichtung zuzusichern. Erwerbstätige Eltern oder Eltern, die sich in einer beruflichen Bildungsmaßnahme befinden, aber auch arbeitslose Eltern können auf das Angebot zurückgreifen.[87] Eltern, insbesondere Müttern, kann dadurch eine zeitnahe Wiederaufnahme der Erwerbstätigkeit ermöglicht werden.

Ferner werden von Unternehmen zunehmend flexible Arbeitszeitmodelle angeboten. Der heutigen Gesellschaft sind familienfreundliche Unternehmen wichtiger als je zuvor. Die Möglichkeit von einer Teilzeittätigkeit wieder einer Vollzeittätigkeit nachgehen zu können, kann Eltern eines Kindes dabei unterstützen, egalitäre Differenzierungen in den haushaltsüblichen Aufgaben zu realisieren. Ein weiterer Faktor spielt dabei die den Paaren eingeräumte Möglichkeit, Arbeitszeiten flexibler aufeinander abzustimmen. In Hinblick auf die digitale Wirtschaft, wird die Flexibilität eines mobilen Arbeitens – etwa durch Homeoffice – bisher nur geringfügig von Unternehmen gewährt. Letztlich wäre das Verbesserungspotenzial durch Arbeitgeber durchaus größer.[88] Anzumerken ist jedoch, dass die aktuelle wirtschaftliche Situation, aufgrund der Lungenkrankheit Covid-19,

---

[87] Vgl. Sharma/Steiner (2008), https://www.bmfsfj.de/blob/93556/e71785b2ad4b70362cb956de7011ae88/dossier-ausbau-der-kinderbetreuung-data.pdf, Abruf am 09.05.2020, S. 4.

[88] Vgl. Bernhardt (2017), https://www.bpb.de/apuz/252657/geschlechterungerechtigkeit-zur-vereinbarkeit-von-familie-und-beruf?p=2, Abruf am 08.05.2020.

die meisten Arbeitgeber dazu veranlasst hat, neue Wege einzuschlagen. Ende April 2020 wurden etwa 50 % aller Tätigkeiten von Arbeitnehmern in Beschäftigungsverhältnissen durch mobiles Arbeiten realisiert.[89] Eine genaue prozentuale Auswertung ist zum aktuellen Stand jedoch nicht möglich. Es bleibt abzuwarten, ob sich diese neue flexiblere Möglichkeit des modernen Arbeitens dauerhaft in der Gesellschaft verankern kann.

Instrumente zur besseren Vereinbarkeit von Familien- und Berufsleben sind in vielfacher Hinsicht durch politische, aber auch durch unternehmenspolitische Handlungen bereitgestellt worden. Trotz der teilweise lukrativen Entschädigungen konnte das Lohngefälle seit der Einführung genau dieser Maßnahmen nur unerheblich verändert werden. Die Möglichkeit, Arbeitnehmern das mobile Arbeiten zu ermöglichen, könnte eine durchaus große Rolle spielen und ein entscheidendes Instrument für Eltern sein, Beruf und Familie erheblich besser vereinbaren zu können.

5.4 Weitere Möglichkeiten zur Schließung der Einkommensschere

Die deutsche Bundesregierung hatte ursprünglich das Ziel, bis 2020 die Lohnlücke auf unter 10 % zu reduzieren. In Anbetracht des im Jahr 2019 noch immer herrschenden GPGs von 20 % wird dieses Nachhaltigkeitsziel mit großer Wahrscheinlichkeit nicht erreicht

---

[89] Vgl. faz.net (2020), https://www.faz.net/aktuell/karriere-hochschule/buero-co/corona-folge-fast-jeder-dritte-wuenscht-sich-home-office-fuer-immer-16735068.html, Abruf am 10.05.2020.

werden.⁹⁰ Demzufolge ist die Politik bei dem Versuch den GPG zu bekämpfen gescheitert. Das liegt vor allem daran, dass es für die Politik schlichtweg unmöglich ist, das Problem im Alleingang zu beseitigen. Bei der langfristigen Reduktion des GPGs spielt die Gesellschaft eine zentrale Rolle. Die von der Gesellschaft durch Klischees indizierten Parameter müssen mit einem Umfeld Einklang finden, in dem Tätigkeitsbedarfe von Unternehmen durch Frauen besetzt werden können, um Frauen mehr Beschäftigungschancen zu ermöglich.

Als Hauptmaßnahme hierzu gilt die gesellschaftliche Veränderung von traditionellen Rollenbildern. Denn das geringere Einkommen von Frauen hängt stark mit dem traditionellen Rollenverständnis der Geschlechter zusammen.⁹¹ Dadurch, dass Frauen durchschnittlich in sehr unterschiedlichen Berufszweigen tätig sind, gilt es als gesellschaftliche Überwindung, die traditionelle Vorstellung von stereotypischen Berufen zu bewältigen. Denn bereits im Vorschulalter zeigen sich Präferenzen der Geschlechter für bestimmte Bereiche.⁹² Denn in dem Moment, in dem einem jungen Mädchen gesagt wird, dass sie

---

[90] Vgl. bmfsfj.de (2009), https://www.bmfsfj.de/blob/93658/c1757c72aacc7f34f2d0e96d5414aee2/entgeltungleichheit-dossier-data.pdf, Abruf am 04.05.2020, S. 50.

[91] Vgl. Bossardt (2019), https://www.vbw-bayern.de/Redaktion/Frei-zugaengliche-Medien/Abteilungen-GS/Sozialpolitik/2019/Downloads/20190423-Update-PosPap-Frauen-2019-final-2.pdf, Abruf am 10.05.2020, S. 2.

[92] Vgl. Bossardt (2019), https://www.vbw-bayern.de/Redaktion/Frei-zugaengliche-Medien/Abteilungen-GS/Sozialpolitik/2019/Downloads/20190423-Update-PosPap-Frauen-2019-final-2.pdf, Abruf am 10.05.2020, S. 3.

die Autos weglegen und lieber mit der Puppe spielen soll, weil Mädchen das so machen, beginnt der sich das ganze Leben lang ziehende Kampf gegen die in der heutigen Gesellschaft vorherrschenden Stereotypen. Dieser Kampf kann nur gewonnen werden, wenn das Problem bereits an der Wurzel gepackt wird.

Demzufolge kann die deutsche Regierung nur Denkanstöße zu gewissen Teilaspekten einer Lösung des GPGs liefern. Es vermag mehr als nur politische Handlungen um das Lohngefälle auf ein für Frauen akzeptables Level zu bringen. Die Gesellschaft, und somit jeder einzelne Bürger Deutschlands, ist bei der Bewältigung von Diskriminierungsansätzen gegenüber Frauen gefragt und zum Handeln aufgefordert.

6 Fazit und Ausblick

Anhand der vorliegenden Untersuchungen lässt sich das Vorherrschen des GPGs beweisen. Ursächlich für die Entgeltunterschiede ist ein Zusammenspiel verschiedener Indikatoren, die sich in zwei Kategorien einteilen lassen. So können das angeeignete Humankapital sowie das gewählte Arbeitszeitmodell als subjektive Faktoren bezeichnet werden, da Frauen diesbezüglich individuell Einfluss nehmen können. Wobei hier natürlich angemerkt sei, dass wie oben bereits ausgeführt, die von der Gesellschaft auferlegten Stereotypen sowie die typische Rollenverteilung im Haushalt eine ausschlaggebende Wirkung auf die Entscheidung der Frau haben. Auch die Mutterschaft, welche einen entscheidenden Einfluss auf die Entgelthöhe hat, ist zwar ein subjektiver Faktor, da es jeder Frau freisteht, Kinder zu bekommen und die Erwerbstätigkeit zu unterbrechen, jedoch darf nicht eine derart negative Signalwirkung ausgestrahlt werden, dass eine Frau sich der Entscheidung stellen muss entweder ein Kind zu bekommen und damit ein Karriere-Aus zu riskieren oder auf eine Familie zu verzichten nur um dieses Risiko nicht eingehen zu müssen. Auch die individuelle Berufswahl entscheidet über die spätere Entgelthöhe. Hier ist es an der Gesellschaft, das Muster der typischen Frauen- und Männerberufe zu durchbrechen und weiter eine noch stärkere Förderung von Initiativen wie dem „Girls Day", welcher junge Mädchen dazu motivieren soll, technischen und naturwissenschaftlichen, mithin männertypischen, Berufen nachzugehen.

Von den von Frauen beeinflussbaren Faktoren sind objektive Indikatoren zu unterscheiden. Hierzu gehören insbesondere die vorherrschenden Vorurteile, die zu einer geringen Kompetenzeinschätzung führen und oftmals zur Folge haben, dass weiblichen Bewerbern ein niedrigeres Einstiegsgehalt geboten wird. Hinsichtlich dieser Komponenten haben Frauen keine Möglichkeit, subjektiv darauf einzuwirken, vielmehr wird der Anschein erweckt, dass Frauen sich damit mittlerweile abfinden und sich selbst auf eine niedrigere Ebene stellen. Dies wird vor allem bei Gehaltsgesprächen deutlich, in welchen Frauen häufig eine viel niedrigere Vorstellung angeben, als männliche Kollegen.

Die zur Bekämpfung des GPGs eingeführten politischen Maßnahmen sind zwar ein erster Schritt in die richtige Richtung, jedoch sind die tatsächlichen Auswirkungen dieser Maßnahmen ernüchternd. Es stellt sich in diesem Zusammenhang auch die Frage, ob diese Maßnahmen die Problematik an der richtigen Stelle erfassen oder ob man das Problem nicht viel mehr an der Wurzel – in Bezug auf die subjektiven Indikatoren – packen sollte. Denn kritisch betrachtet läuft eine Frauenquote in Führungspositionen ins Leere, wenn Frauen weniger in ihr Humankapital investieren bzw. ihre Berufswahl von dem veralteten Bild der Frau abhängig machen und Berufe mit einer niedrigen Karriereleiter wählen und somit oftmals nicht an den Punkt kommen, eine Führungsposition oder einen Sitz im Vorstand zu übernehmen. Demnach wäre es effizienter, die Bedingungen für die Auswahl der Ausbildung und des Berufes zu optimieren, anstatt den späteren Einstieg in eine Führungsposition durch ein Gesetz zu erzwingen, welches wiederum eine negative Signalwirkung ausstrahlt, da vermittelt wird, dass Frauen diese Position nicht erreichen würden, wenn das Unternehmen nicht durch eine gesetzliche Regelung dazu gezwungen worden wäre.

Wie man es auch dreht und wendet stößt man bei der Ursachensuche sowie bei der Erforschung von Lösungsansätzen immer wieder auf die Gesellschaft als roten Faden und wohl wichtigste Einflussgröße. Die Einkommensschere kann nur geschlossen werden, wenn alle Akteure der Gesellschaft an einem Strang ziehen – vor allem die Gesellschaft an sich, und damit jeder einzelne Bürger. Der GPG wird sich auch in Zukunft nicht verringern solange das kulturelle und gesellschaftliche Umfeld keinerlei Veränderung zeigt.

Literaturverzeichnis

absolventa.de (o. J.): Berufserfahrung. Einschlägig, fundiert, erwünscht – Das solltest du wissen. https://www.absolventa.de/karriereguide/berufseinsteiger-wissen/berufserfahrung-fundierte-einschlaegige, Abruf am 30.04.2020.

Avellar, Sarah/J. Smock, Pamela (2003): Has the Price of Motherhood Declined Over Time? A Cross-Cohort Comparison of the Motherhood Wage Penalty. In: University of Michigan. 65. Jg., S. 597.

Bakir, Daniel (03.08.2018): In diesen 10 Städten verdient man am besten – und an einem Ort nur halb so viel. In: stern.de. https://www.stern.de/wirtschaft/geld/gehaltsvergleich--in-diesen-10-staedten-verdient-man-am-besten-8196998.html, Abruf am 02.05.2020.

Becker, Gary S. (1962): Investment in Human Capital. A Theoretical Analysis. In: The University of Chicago Press Journals. 70. Jg., H. 5, S. 9-49.

Belousova, Katja (06.03.2020): Frauen in Führungspositionen. Fünf Jahre Quote – Erfolg oder Ernüchterung? In: zdf heute. https://www.zdf.de/nachrichten/wirtschaft/frauenquote-unternehmen-fuenf-jahre-100.html, Abruf am 08.05.2020.

Bernhardt, Janine (21.07.2017): Geschlechter(un)gerechtigkeit. Zur Vereinbarkeit von Familie und Beruf. In: Bundeszentrale für politische Bildung. https://www.bpb.de/a-puz/252657/geschlechterungerechtigkeit-zur-vereinbarkeit-von-familie-und-beruf?p=2, Abruf am 08.05.2020.

bmfsfj.de (13.07.2017): Gesetz für die gleichberechtigte Teilhabe von Frauen und Männern an Führungspositionen in der Privatwirtschaft und im öffentlichen Dienst. https://www.bmfsfj.de/bmfsfj/service/gesetze/gesetz-fuer-die-gleichberechtigte-teilhabe-von-frauen-und-maennern-an-fuehrungspositionen-in-der-privatwirtschaft-und-im-oeffentlichen-dienst/119350, Abruf am 08.05.2020.

bmfsfj.de (2009): Entgeltungleichheit zwischen Frauen und Männern in Deutschland. https://www.bmfsfj.de/blob/93658/c1757c72aacc7f34f2d0e96d5414aee2/entgeltungleichheit-dossier-data.pdf, Abruf am 04.05.2020.

Bossardt, Bertram (2019): Frauen in der Arbeitswelt – ein Aktionsprogramm. In: Vereinigung der Bayerischen Wirtschaft. https://www.vbw-bayern.de/Redaktion/Frei-zugaengliche-Medien/Abteilungen-GS/Sozialpolitik/2019/Downloads/20190423-Update-PosPap-Frauen-2019-final-2.pdf, Abruf am 10.05.2020.

Bowler, Hannah Riley/Babcock, Linda/Lai, Lei (2005): Social incentives for gender differences in the propensity to initiate negotiations. Sometimes it does hurt to ask. In: Organizational Behavior and Human Decision Processes. 103. Jg., H. 1, S. 84-103.

bpb.de (o. J.): Nominallohn. https://www.bpb.de/nachschlagen/lexika/lexikon-der-wirtschaft/20175/nominallohn, Abruf am 03.05.2020.

Literaturverzeichnis

Branger, Katja/Gazareth, Pascale/Schön-Bühlmann, Jacqueline (2003): Sozialberichterstattung Schweiz. Auf dem Weg zur Gleichstellung? In: Statistik für Schweiz. https://web.archive.org/web/20140202192005/http://www.bfs.admin.ch/bfs/portal/de/index/news/publikationen.Document.26011.pdf#page=5, Abruf am 06.05.2020.

bundesregierung.de (08.01.2018): Lohngerechtigkeit. Wie viel verdienen die Kollegen? https://www.bundesregierung.de/breg-de/aktuelles/wie-viel-verdienen-die-kollegen--465222, Abruf am 07.05.2020.

bundestag.de (o. J.): I. Die Grundrechte. https://www.bundestag.de/parlament/aufgaben/rechtsgrundlagen/grundgesetz/gg_01-245122, Abruf am 03.05.2020.

bund-verlag.de (o. J.): Wie funktioniert die Stufenzuordnung? https://www.bund-verlag.de/personalrat/tvoed/basiswissen/stufenzuordnung, Abruf am 29.04.2020.

Correll, J. Shelley/Benard, Stephen/Paik, In (2007): Getting a Job. Is There a Motherhood Penalty? In: American of Sociology. 11. Jg., H. 5, S. 1297-1339.

decademic.com (o. J.): Arbeitsmarktsegregation. https://deacademic.com/dic.nsf/dewiki/2252831, Abruf am 06.05.2020.

destatis.de (04.03.2020): Volkswirtschaftliche Gesamtrechnung. Inlandsproduktberechnung – Detaillierte Jahresergebnisse. https://www.destatis.de/DE/Themen/Wirtschaft/Volkswirtschaftliche-Gesamtrechnungen-Inlandsprodukt/Publikationen/Downloads-Inlandsprodukt/inlandsprodukt-vorlaeufig-pdf-2180140.pdf?__blob=publicationFile, Abruf am 03.05.2020.

destatis.de (04.03.2020): Volkswirtschaftliche Gesamtrechnung. Inlandsproduktberechnung – Lange Reihen ab 1970. https://www.destatis.de/DE/Themen/Wirtschaft/Volkswirtschaftliche-Gesamtrechnungen-Inlandsprodukt/Publikationen/Downloads-Inlandsprodukt/inlandsprodukt-lange-reihen-pdf-2180150.pdf?__blob=publicationFile, Abruf am 03.05.2020.

destatis.de (14.03.2017): Drei Viertel des Gender Pay Gap lassen sich mit Strukturunterschieden erklären. https://www.destatis.de/DE/Presse/Pressemitteilungen/2017/03/PD17_094_621.html, Abruf am 04.05.2020.

destatis.de (14.03.2019): Verdienstunterschied zwischen Frauen und Männern 2018 unverändert bei 21 %. https://www.destatis.de/DE/Presse/Pressemitteilungen/2019/03/PD19_098_621.html, Abruf am 03.05.2020.

destatis.de (o. J.): Qualität der Arbeit. Gender Pay Gap. https://www.destatis.de/DE/Themen/Arbeit/Arbeitsmarkt/Qualitaet-Arbeit/Dimension-1/gender-pay-gap.html, Abruf am 05.05.2020.

Literaturverzeichnis

destatis.de (o. J.): Wie wird der Gender Pay Gap erhoben und berechnet? https://www.destatis.de/DE/Themen/Arbeit/Verdienste/FAQ/gender-pay-gap.html, Abruf am 03.05.2020.

ec.europa.eu (o. J.): Women's situation in the labour market. https://ec.europa.eu/info/policies/justice-and-fundamental-rights/gender-equality/women-labour-market-work-life-balance/womens-situation-labour-market_de, Abruf am 06.05.2020.

equalpayday.de (o. J.): Gender Pay Gap. https://www.equalpayday.de/ueber-epd/, Abruf am 22.05.2020.

equalpay.wiki (o. J.): Gender Pay Gap nach Branchen. http://www.equalpay.wiki/Gender_Pay_Gap_nach_Branchen, Abruf am 05.05.2020.

familienhandbuch.de (o. J.): Väterbeteiligung beim Elterngeld steigt weiter an. https://www.familienhandbuch.de/aktuelles/neue/34629/index.php, Abruf am 09.05.2020.

faz.net (21.04.2020.): Fast jeder Dritte wünscht sich Homeoffice für immer. https://www.faz.net/aktuell/karriere-hochschule/buero-co/corona-folge-fast-jeder-dritte-wuenscht-sich-home-office-fuer-immer-16735068.html, Abruf am 10.05.2020.

Flory, Judith (2011): Gender Pension Gap. Entwicklung eines Indikators für faire Einkommensperspektiven von Frauen und Männern. In: Bundesministerium für Familie, Senioren, Frauen und Jugend. https://www.bmfsfj.de/blob/93950/422daf61f3dd6d0b08b06dd44d2a7fb7/gender-pension-gap-data.pdf, Abruf am 06.05.2020.

Fuchs, Michaela et al. (07.05.2019): Gender-Pay-Gap von Vollzeitbeschäftigten auf Kreisebene. Unterschiede in der Lohnlücke erklären sich vor allem durch die Betriebslandschaft vor Ort. In: Institut für Arbeitsmarkt- und Berufsforschung. http://doku.iab.de/kurzber/2019/kb1019.pdf, Abruf am 05.05.2020.

Gangl, Markus/Ziefle, Andera (2009): Motherhood, Labor Force Behavior, and Woman's Careers. An Empirical Assessment of the Wage Penalty of Motherhood in Britain, Germany, and the United States. 46 Jg., H. 2, S. 341-369.

gehalt.de (04.02.2019): Gehaltsatlas 2019. Die Kluft in Deutschland wird kleiner. https://www.gehalt.de/news/gehaltsatlas-2019, Abruf am 01.05.2020.

gehaltsreporter.de (16.03.2020): Einstiegsgehalt 2020 für Absolventen. Berechnen Sie Ihren Marktwert! https://gehaltsreporter.de/absolventengehaelter/, Abruf am 30.04.2020.

Geißler, Rainer (16.12.2014): Ungleichheiten zwischen Frauen und Männern. In: Bundeszentrale für politische Bildung. https://www.bpb.de/izpb/198038/ungleichheiten-zwischen-frauen-und-maennern, Abruf am 04.05.2020.

Geis-Thöne, Wido (2018): Elterngeld. Ein Gewinn für die Gleichstellung der Geschlechter. In: Institut der Deutschen Wirtschaft. https://www.econstor.eu/bitstream/10419/183102/1/1031912525.pdf, Abruf am 09.05.2020.

Georg, Walter/Sattel, Ulrike (2006): Berufliche Bildung, Arbeitsmarkt und Beschäftigung. In: Arnold, Rolf/Lipsmeier, Antonius (2006): Handbuch der Berufsausbildung. Wiesbaden: VS Verlag für Sozialwissenschaften.

gesetze-im-internet.de (o. J.): Gesetz über Teilzeitarbeit und befristete Arbeitsverträge (Teilzeit- und Befristungsgesetz – TzBfG. § 2 Begriff des teilzeitbeschäftigten Arbeitnehmers. https://www.gesetze-im-internet.de/tzbfg/__2.html, Abruf am 06.05.2020.

Hallfahrt, Philipp (07.08.2018): So verdient Deutschland. In: deutschland.de. https://www.deutschland.de/de/topic/wirtschaft/gehaelter-in-deutschland-durchschnitt-und-regionale-unterschiede, Abruf am 02.05.2020.

Holst, Elke (11.01.2017): Unternehmen sollten alle Hierarchieebenen stärker mit Frauen besetzen. Interview mit Elke Holst. In: DIW Wochenbericht. https://www.diw.de/documents/publikationen/73/diw_01.c.550247.de/17-1-3.pdf, Abruf am 08.05.2020.

Holst, Elke/Marquardt, Anne (25.07.2018): Die Berufserfahrung in Vollzeit erklärt den Gender Pay Gap bei Führungskräften maßgeblich. In: DIW Wochenbericht. https://www.diw.de/documents/publikationen/73/diw_01.c.595014.de/18-30-3.pdf, Abruf am 07.05.2020.

Iglhaut, Christina (01.03.2019): So leben und arbeiten Frauen in Deutschland. In: deutschland.de. https://www.deutschland.de/de/topic/leben/frauen-in-deutschland-gesellschaft-politik-bildung, Abruf am 04.05.2020.

iwd.de (08.03.2018): Typische Männer- und Frauenberufe. https://www.iwd.de/artikel/berufswahl-typisch-mann-typisch-frau-380726/, Abruf am 06.05.2020.

juraforum.de (o. J.): Berufserfahrung – wie ist die arbeitsrechtliche Definition? https://www.juraforum.de/lexikon/berufserfahrung, Abruf am 30.04.2020.

Kapphan, Andreas (1994): Frauen Am Arbeitsmarkt. Auswirkungen der Arbeitszeitflexibilisierung zur besseren Vereinbarkeit von Familie und Beruf auf die Arbeitsmarktsituation. Bern: Peter Lang.

Klenner, Christina/Lott, Yvonne (2016): Arbeitszeitoptionen im Lebensverlauf. Bedingungen und Barrieren ihrer Nutzung im Betrieb. In: Wirtschafts- und Sozialwissenschaftliches Institut. https://www.boeckler.de/pdf/p_wsi_studies_4_2016.pdf, Abruf am 05.05.2020.

Literaturverzeichnis

Kluve, Jochen et al. (2008): Evaluation des Gesetzes zum Elterngeld und zur Elternzeit. In: Bundesministerium für Familie, Senioren, Frauen und Jugend. https://www.bmfsfj.de/blob/76290/e9ffeb27ad867f4874b16e41343a757a/beeg-evaluation-endbericht-data.pdf, Abruf am 09.05.2020.

Koschik, Anne (03.05.2019): Interview - Gehälter Führungskräfte. Sechs- bis siebenstellige Höhenflüge. In: karriere.de. https://www.karriere.de/mein-geld/interview-gehaelter-fuehrungskraefte-sechs-bis-siebenstellige-hoehenfluege/23043286.html, Abruf am 04.05.2020.

Kümmerling, Angelika (2018): Geschlechtsspezifische Unterschiede in den Arbeitszeiten. Fortschritt auf der einen, Stagnation auf der anderen Seite. In: Aktuelle Forschungsergebnisse aus dem Institut Arbeit und Qualifikation. http://www.iaq.uni-due.de/iaq-report/2018/report2018-08.pdf, Abruf am 06.05.2020.

Liebig, Stefan/Valet, Peter/Schupp, Jürgen (07.07.2010): Wahrgenommene Einkommensgerechtigkeit konjunkturabhängig. In DIW Wochenbericht. https://www.diw.de/documents/publikationen/73/diw_01.c.358264.de/10-27-3.pdf, Abruf am 07.05.2020.

mba-studium.net (o. J.): Promotion. https://www.mba-studium.net/promotion, Abruf am 29.04.2020.

Mincer, Jacob/Polachek, Solomon (1974): Family Investments in Human Capital: Earnings of Woman. In: The University of Chicago Press Journals. 82. Jg., H. 2, S. 76-108.

Moss-Racusin, Corinne A. et al. (2012): Science faculty's subtle gender baises favor male students. In: Proceedings of the National Academy of Sciences of the United States of America. 109 Jg., H. 41, S. 16474-16479.

Niessen-Ruenzi, Alexandra/Schneider, Christoph (2019): The Gender Pension Gap in Germany. In: uni-mannheim.de. https://www.bwl.uni-mannheim.de/media/Lehrstuehle/bwl/Niessen-Ruenzi/Gender_Pension_Gap_in_Germany_update_-_NiessenRuenziSchneider.pdf, Abruf am 06.05.2020.

Oberholzer Michel, Karin (2003): Frauenerwerbstätigkeit und Arbeitsmarktsegmentation. Empirische Befunde in der Schweiz. https://www1.unisg.ch/www/edis.nsf/SysLkpByIdentifier/2851/$FILE/dis2851.pdf, Abruf am 05.05.2020.

oecd.org (o. J.): Women at work. Who are they and how are they faring? http://www.oecd.org/social/family/18960381.pdf, Abruf am 06.05.2020.

Peichl, Andreas/Schricker, Julia (2019): Über Geld spricht man nicht. Das Entgelttransparenzgesetz bleibt ohne Wirkung. In: ifo Schnelldienst. 72. Jg., H. 4, S. 3-26.

personalmarkt.de (2018): Gehaltsbiografie 2018. https://cdn.personalmarkt.de/cms/Gehaltsbiografie-2018.pdf, Abruf am 29.04.2020.

phil-fak.uni-duesseldorf.de (07.06.2014): Workshop „Investition in Humankapital" des BMBF. Was macht die Bildungsökonomik und warum Human „kapital"? https://www.phil-fak.uni-duesseldorf.de/fileadmin/Redaktion/Institute/Sozialwissenschaften/BF/Lehre/SoSe2008/HK/vortrag_woessmann_Bildungskonomik_und_Humankapital.pdf, Abruf am 05.05.2020.

Piopiunik, Marc/Kugler, Franziska/Wößmann, Ludger (2017): Einkommenserträge von Bildungsabschlüssen im Lebensverlauf. Aktuelle Berechnungen für Deutschland. In: ifo Schnelldienst. 70. Jg., H. 7, S. 19-30.

Roßbach, Henrike (06.03.2019): Wo Frausein bestraft wird. In: Süddeutsche Zeitung. https://www.sueddeutsche.de/wirtschaft/gender-pay-gap-1.4355278, Abruf am 06.05.2020.

rp-online.de (09.07.2014): Hartz IV kann kommen. https://rp-online.de/politik/ausland/hartz-iv-kann-kommen_aid-16886637, Abruf am 03.05.2020.

Schmelzer, Paul/Kurz, Karin/Schulze Kerstin (2015): Einkommensnachteile von Müttern im Vergleich zu kinderlosen Frauen in Deutschland. In: Kölner Zeitschrift für Soziologie und Sozialpsychologie. 67. Jg., H. 4, S. 737-762.

Schmillen, Achim/Stüber, Heiko (2014): Lebensverdienste nach Qualifikation. Bildung lohnt sich ein Leben lang. In: Institut für Arbeitsmarkt- und Berufsforschung. http://doku.iab.de/kurzber/2014/kb0114.pdf, Abruf am 28.04.2020.

Schmitz, Heinrich (08.09.2013): Hausfrauenaufstand. In: The European. https://www.theeuropean.de/heinrich-schmitz/7392-rezension-von-dann-mach-doch-die-bluse-zu, Abruf am 08.05.2020.

Sesselmeier, Werner/Blauermel, Gregor (2013): Arbeitsmarkttheorien. Ein Überblick. 2. Aufl., Weinheim: Beltz Verlag.

Sharma, Manon Rani/Steiner, Michael (2008): Ausbau der Kinderbetreuung. Kosten, Nutzen, Finanzierung. In: Bundesministerium für Familie, Senioren, Frauen und Jugend. https://www.bmfsfj.de/blob/93556/e71785b2ad4b70362cb956de7011ae88/dossier-ausbau-der-kinderbetreuung-data.pdf, Abruf am 09.05.2020.

statista.com (14.04.2020): Durchschnittliche Bruttomonatsverdienste vollzeitbeschäftigter Arbeitnehmer (ohne Sonderzahlungen) nach Wirtschaftsbereichen im 4. Quartal 2019. https://de.statista.com/statistik/daten/studie/1789/umfrage/durchschnittseinkommen-in-deutschland-nach-branchen/, Abruf am 02.05.2020.

sustainabledevelopment-deutschland.github.io (22.01.2020): Unterschied zwischen den durchschnittlichen Bruttostundenverdiensten von Frauen und Männern. https://sustainabledevelopment-deutschland.github.io/5-1-a/, Abruf am 04.05.2020.

uni-bielefeld.de (06.07.2010): Mit zweierlei Maß gemessen – Geringere Bezahlung von Frauen wird nicht als ungerecht wahrgenommen. http://ekvv.uni-bielefeld.de/blog/uniaktuell/entry/mit_zweierlei_ma%C3%9F_gemessen_geringere, Abruf am 07.05.2020.

Weck-Hannemann, Hannelore (2000): Frauen in der Ökonomie und Frauenökonomik. Zur Erklärung geschlechtsspezifischer Unterschiede in der Wirtschaft und in den Wirtschaftswissenschaften. In: Perspektiven der Wirtschaftspolitik.

welt.de (22.07.2019): Hamburger verdienen am meisten, Görlitzer am wenigsten. https://www.welt.de/wirtschaft/article197252073/Bundesagentur-fuer-Arbeit-Hamburger-verdienen-viel-Goerlitzer-wenig.html, Abruf am 02.05.2020.

Wilde, Elizabeth Ty/Batchelder, Lily/Ellwood, David T. (2010): The Mommy track divides. The impact of childbearing on wages of woman of differing skill levels. In: National Bureau of economic research. https://www.nber.org/papers/w16582.pdf, Abruf am 05.05.2020.

Wilke, Felicitas (25.07.2018): Ungerechter Lohn verschwindet nicht, wenn mehr Frauen programmieren. In: Zeit Online Arbeit. https://www.zeit.de/arbeit/2018-06/gehaltsunterschiede-frauenberufe-loehne-gender-pay-gap/seite-2, Abruf am 06.05.2020.

zdf.de (01.10.2019): Ostgehälter 16,9 Prozent unter Westniveau. Studie der Hans-Böckler-Stiftung. https://www.zdf.de/nachrichten/heute/ostgehaelter-weiter-unter-westniveau-plan-fuer-angleichung-gefordert-100.html, Abruf am 02.05.2020.

Zinke, Guido (11.08.2014): Lohnentwicklung in Deutschland und Europa. In: Bundeszentrale für politische Bildung. https://www.bpb.de/politik/innenpolitik/arbeitsmarktpolitik/187829/lohnentwicklung-in-deutschland-und-europa, Abruf am 03.05.2020.